Qualitätsmanagement

Dieter Gnahs · Eike Quilling

Qualitätsmanagement
Konzepte und Praxiswissen für die Weiterbildung

Dieter Gnahs
Universität Duisburg-Essen
Essen, Nordrhein-Westfalen
Deutschland

Eike Quilling
Hochschule für Gesundheit
Bochum, Nordrhein-Westfalen
Deutschland

ISBN 978-3-658-19533-5   ISBN 978-3-658-19534-2   (eBook)
https://doi.org/10.1007/978-3-658-19534-2

Die Deutsche Nationalbibliothek verzeichnet diese Publikation in der Deutschen Nationalbibliografie; detaillierte bibliografische Daten sind im Internet über http://dnb.d-nb.de abrufbar.

Springer VS
© Springer Fachmedien Wiesbaden GmbH, ein Teil von Springer Nature 2019
Das Werk einschließlich aller seiner Teile ist urheberrechtlich geschützt. Jede Verwertung, die nicht ausdrücklich vom Urheberrechtsgesetz zugelassen ist, bedarf der vorherigen Zustimmung des Verlags. Das gilt insbesondere für Vervielfältigungen, Bearbeitungen, Übersetzungen, Mikroverfilmungen und die Einspeicherung und Verarbeitung in elektronischen Systemen.
Die Wiedergabe von allgemein beschreibenden Bezeichnungen, Marken, Unternehmensnamen etc. in diesem Werk bedeutet nicht, dass diese frei durch jedermann benutzt werden dürfen. Die Berechtigung zur Benutzung unterliegt, auch ohne gesonderten Hinweis hierzu, den Regeln des Markenrechts. Die Rechte des jeweiligen Zeicheninhabers sind zu beachten.
Der Verlag, die Autoren und die Herausgeber gehen davon aus, dass die Angaben und Informationen in diesem Werk zum Zeitpunkt der Veröffentlichung vollständig und korrekt sind. Weder der Verlag, noch die Autoren oder die Herausgeber übernehmen, ausdrücklich oder implizit, Gewähr für den Inhalt des Werkes, etwaige Fehler oder Äußerungen. Der Verlag bleibt im Hinblick auf geografische Zuordnungen und Gebietsbezeichnungen in veröffentlichten Karten und Institutionsadressen neutral.

Springer VS ist ein Imprint der eingetragenen Gesellschaft Springer Fachmedien Wiesbaden GmbH und ist ein Teil von Springer Nature
Die Anschrift der Gesellschaft ist: Abraham-Lincoln-Str. 46, 65189 Wiesbaden, Germany

Inhaltsverzeichnis

1	**Einleitung**	1
2	**Erste Annäherung an das Thema: Beispiele aus der Praxis zur Unschärfe des Qualitätsbegriffs**	3
2.1	Beispiel A: Schwacher Kursleiter motiviert leistungsstarke Teilnehmende	3
2.2	Beispiel B: Unmotivierte Teilnehmerinnen beeinträchtigen ausgefeiltes Kurskonzept	4
2.3	Beispiel C: Die Vorzüge der Veranstaltung liegen neben dem eigentlichen Ziel	5
2.4	Beispiel D: Wenn der Lernerfolg im Dunkeln bleibt	6
2.5	Beispiel E: Eine neue Erlebensqualität als Lernziel	7
2.6	Beispiel F: Stressregulation im Arbeitsalltag	8
2.7	Zur Reflexion	9
2.8	Literaturtipps	9
	Literatur	9
3	**Zum Stand der Qualitätsdiskussion in der Weiterbildung**	11
3.1	Zur Reflexion	13
3.2	Literaturtipps	14
	Literatur	14
4	**Zentrale Begriffe**	15
4.1	Der Begriff „Qualität"	15
4.2	Dienstleistungsqualität	16

4.3	Weiterbildungsqualität		18
4.4	Qualitätskriterien und -standards		21
4.5	Qualitätsmanagement		23
4.6	Zur Reflexion		25
4.7	Literaturtipps		25
Literatur			25

5 Ebenen der Qualitätsbetrachtung ... 27

5.1	Veranstaltungsqualität		27
	5.1.1	Leitkriterien für die Durchführung von Unterrichtsprozessen	28
	5.1.2	Didaktische Prinzipien nach Siebert	29
	5.1.3	Qualitätsverantwortung der Teilnehmenden	31
5.2	Einrichtungsqualität		32
5.3	Systemqualität		33
5.4	Zur Reflexion		34
5.5	Erfolgskriterien für Seminare (Gnahs 2005)		35
5.6	Literaturtipps		36
Literatur			36

6 Qualitätsmanagementkonzepte ... 39

6.1	DIN EN ISO 9000 ff.		40
	6.1.1	Entstehung und Weiterentwicklung der ISO 9000	40
	6.1.2	Grundkonzeption	41
	6.1.3	Ablauf der Zertifizierung	43
	6.1.4	ISO für Bildungseinrichtungen	44
6.2	EFQM		46
	6.2.1	Konzeption	46
	6.2.2	Strukturen und Abläufe	48
6.3	LQW		49
	6.3.1	Genese und Grundkonzept	49
	6.3.2	Grundstrukturen und Abläufe	51
	6.3.3	LQW für Kleinstorganisationen	52
6.4	QVB		53
6.5	Gütesiegelverbünde		55
	6.5.1	Hamburger Modell	56
	6.5.2	Gütesiegelverbund Weiterbildung	60

6.6	Balanced Scorecard		61
	6.6.1	Ansatzpunkt und Genese	61
	6.6.2	Grundstrukturen und Abläufe	63
6.7	Zur Reflexion		67
6.8	Literaturtipps		68
Literatur			68

7 Gesetzliche Regelungen — 71

- 7.1 Europäische Ebene — 71
- 7.2 Bundesgesetzliche Regelungen — 72
  - 7.2.1 Fernunterrichtsschutzgesetz — 72
  - 7.2.2 Verbraucherschutz — 74
  - 7.2.3 SGB III — 75
- 7.3 Landesgesetzliche Regelungen — 77
- 7.4 Regelungen in anderen europäischen Staaten — 79
  - 7.4.1 Österreich — 79
  - 7.4.2 Schweiz — 80
- 7.5 Zur Reflexion — 81
- 7.6 Literaturtipps — 82
- Literatur — 82

8 Kriterien zur Beurteilung von Qualitätskonzepten — 85

- 8.1 Kriterien — 85
- 8.2 Zur Reflexion — 87
- Literatur — 87

9 Qualitätsmanagement und Organisationsentwicklung — 89

- 9.1 Zur Reflexion — 93
- 9.2 Literaturtipps — 93
- Literatur — 94

10 Komponenten und Abläufe im Qualitätsmanagement — 95

- 10.1 Das 8-Schritte-Programm — 95
- 10.2 Zur Reflexion — 97
- 10.3 Literaturtipps — 97

11 Evaluation als Schlüsselelement des Qualitätsmanagements in Bildungseinrichtungen — 99

- 11.1 Begrifflichkeiten und Grundlagen — 99
  - 11.1.1 Zwecke von Evaluationen — 100
  - 11.1.2 Gegenstände von Evaluation — 100
  - 11.1.3 Formen der Evaluation — 101
  - 11.1.4 Evaluationsstandards — 103

11.2	Prototypischer Ablauf einer Evaluation		105
	11.2.1	Erster Arbeitsschritt: Klärung von Rahmenbedingungen	105
	11.2.2	Zweiter Arbeitsschritt: Informieren von Beteiligten sowie Betroffenen und Motivierung zur Mitarbeit	105
	11.2.3	Dritter Arbeitsschritt: Explikation und Interpretation von Zielen	106
	11.2.4	Vierter Arbeitsschritt: Entwicklung eines Untersuchungsdesigns	106
	11.2.5	Fünfter Arbeitsschritt: Durchführung der Datenerhebungen	107
	11.2.6	Sechster Arbeitsschritt: Datenauswertung	107
	11.2.7	Siebenter Arbeitsschritt: Berichtslegung	107
	11.2.8	Achter Arbeitsschritt: Vorstellung des Berichts und Diskurs	108
11.3	Veranstaltungsevaluation		108
	11.3.1	Anforderungen und Leitlinien	108
	11.3.2	Methoden mit Einbezug der Teilnehmenden	109
	11.3.3	Selbstevaluation anhand didaktischer Prinzipien	112
	11.3.4	Evaluation der Veranstaltung bzw. der Lehre mithilfe eines professionellen Feedbacks	113
	11.3.5	Ergebnisbezogene Evaluationen	114
11.4	Einrichtungsevaluation		122
11.5	Systemevaluationen		126
11.6	Zur Reflexion		128
Literatur			128
12	**Weitere zentrale Komponenten des Qualitätsmanagements in der Weiterbildung**		**131**
12.1	Festlegen einer Qualitätspolitik		131
	12.1.1	Leitbild	131
	12.1.2	Qualitätspolitik	132
	12.1.3	Qualitätsziele	133
12.2	Grundstrukturen eines Qualitätsmanagementsystems		134

		12.2.1	Verantwortlichkeiten und Zuständigkeiten	134

- 12.2.1 Verantwortlichkeiten und Zuständigkeiten ... 134
- 12.2.2 Abläufe und Prozesse ... 135
- 12.3 Personalmanagement ... 136
  - 12.3.1 Personalauswahl ... 136
  - 12.3.2 Personalentwicklung ... 137
  - 12.3.3 Mitarbeiterfortbildung ... 137
  - 12.3.4 Outplacement ... 139
- 12.4 Curriculumentwicklung ... 139
  - 12.4.1 Bedarfsanalyse ... 140
  - 12.4.2 Konzeptentwicklung ... 141
  - 12.4.3 Erprobung ... 142
- 12.5 Steuerung von Bildungsprozessen ... 142
  - 12.5.1 Eingriffspunkt: Anmeldung und Beratung ... 142
  - 12.5.2 Eingriffspunkt: Einstiegsphase ... 143
  - 12.5.3 Eingriffspunkt: Ergebnisse von Leistungstests ... 143
  - 12.5.4 Eingriffspunkt: Lernerfeedback ... 144
  - 12.5.5 Eingriffspunkt: Reflexion des Unterrichtsgeschehens durch die Lehrenden ... 144
- 12.6 Umgang mit Fehlern, Beschwerden und Störungen sowie Fehlervorbeugung ... 144
  - 12.6.1 Beschwerdemanagement ... 145
  - 12.6.2 Fehlermanagement ... 145
  - 12.6.3 Fehlervorbeugung ... 146
- 12.7 Zur Reflexion ... 146
- 12.8 Literaturtipps ... 147
- Literatur ... 147

13 Bilanz und Perspektiven der Qualitätsdiskussion in der Weiterbildung ... 149
Literatur ... 154

14 Statt eines Nachworts ... 155
Literatur ... 156

Literatur ... 157

Einleitung 1

Noch vor wenigen Jahrzehnten war der Begriff „Qualitätsmanagement" (QM) nahezu unbekannt. Das bedeutet nicht, dass die damit verbundene Fragestellung unbeachtet blieb. Qualitätsbewusstsein war nicht eine Frage von außen aufgesetzter Verfahren, sondern des professionellen Selbstverständnisses, eine Haltung, die darin bestand, den eigenen Beruf auszufüllen und im weitesten Sinne „handwerklich" gute Arbeit abzuliefern. Die Organisationen verließen sich darauf, dass die Beschäftigten bestrebt waren, nach den „Regeln der Kunst" zu handeln, gute Produkte herzustellen und fachgerechte Dienstleistungen zu erbringen. Überprüfungen und Kontrollen dieser Anstrengungen oblagen überwiegend den Individuen selbst (z. B. in Form von Selbstreflexion) und natürlich im Rahmen der Hierarchie den Vorgesetzten.

Seit den 1980er-Jahren setzt eine Erosion dieses professionalitätsimmanenten Qualitätsverständnisses ein zugunsten eines regelgebundenen und meist auch extern exekutierten Qualitätsmanagements. Warum dieses Paradigma sich durchsetzen konnte, lässt sich nicht exakt begründen, wohl aber lassen sich einige begründete Vermutungen treffen, die den Siegeszug erklären helfen.

Ein Treiber der Entwicklung ist sicher der durch Globalisierung und Digitalisierung befeuerte Wettbewerbsdruck in der Wirtschaft. Er eröffnet Zwänge zu Kosteneinsparungen und Effizienzsteigerungen, die u. a. mit dem Qualitätsmanagement in Verbindung gebracht werden. Ein zweiter wichtiger Trend ist die Möglichkeit, mithilfe der elektronischen Datenverarbeitung große Datenmengen zu handhaben und auszuwerten. Eine kennzahlengestützte Steuerung ist heute nicht nur in der Wirtschaft, sondern in praktisch allen Lebensbereichen prägend. Die Ad-hoc-Entscheidung, die Entscheidung nach pflichtgemäßem Ermessen, das Urteil aus fachlicher Kompetenz wird mehr und mehr abgelöst durch Automatismen, durch Algorithmen, durch Indikatorensysteme. Auch in der Wissenschaft hat sich dieses Paradigma als Evidenzbasierung durchgesetzt und damit andere Verfahren der Erkenntnisgewinnung entwertet.

© Springer Fachmedien Wiesbaden GmbH, ein Teil von Springer Nature 2019
D. Gnahs und E. Quilling, *Qualitätsmanagement*,
https://doi.org/10.1007/978-3-658-19534-2_1

Diese Entwicklungen waren zuerst in der produzierenden Wirtschaft spürbar, wurden aber nach und nach auf andere Bereiche, speziell auf Dienstleistungsbereiche, übertragen. So finden sich heute auch im Bildungs- und Gesundheitswesen, in der Verwaltung und im Rechtswesen, im Kulturbereich und im Sport ausgeprägte Formen des Qualitätsmanagements, der Ökonomisierung und einer faktenbasierten Steuerung.

Wir wollen in diesem Buch für zwei Bereiche, die Weiterbildung und die Gesundheitsförderung, aufzeigen, welche Verfahren zur Anwendung kommen, aber auch, welche Wirkungen sie entfalten. Neben dem beschreibenden Ansatz wird gleichwohl auch die kritische Betrachtung Raum haben: Steigert Qualitätsmanagement tatsächlich die Qualität der Dienstleistung? Lenken die Kennzahlensysteme den Blick auf die neuralgischen Punkte oder nur auf leicht messbare Bereiche? Sind die zugrunde liegenden Messungen wirklich objektiv, bzw. mit welchen Messfehlern ist zu rechnen? Sind beim Qualitätsmanagement Nutzen und Kosten in der Balance?

Der vorliegende Band soll einen Überblick über die Qualitätsdebatte geben und Kenntnisse über die Grundstrukturen wichtiger Qualitätsmanagementkonzepte vermitteln. Herausgearbeitet werden die Vor- und Nachteile sowie die Besonderheiten der Implementation. Anhand einiger Kernprozesse (z. B. Veranstaltungsplanung, Beschwerdemanagement) werden einzelne Schritte des Qualitätsmanagements konkretisiert und analysiert. Insgesamt soll neben Verfahrenskenntnissen auch Problemsensibilität im Umgang mit QM-Systemen vermittelt werden.

Dieses Buch liefert eine Einführung mit dem Ziel, Überblickswissen zu einem komplexen Thema zu vermitteln. Für Vertiefungen und Spezialisierungen wird auf die weiterführende Literatur verwiesen. Der Anspruch dieses Textes ist es nicht, Detailfragen des Qualitätsmanagements aufzuwerfen und zu erörtern, sondern Einstiege und Zugänge zu vermitteln, die praxisrelevant sind, ohne auf einen wissenschaftlichen Anspruch zu verzichten. Ein wesentliches Ziel dieses Textes ist es, die Kompetenz im Umgang mit der Qualitätsdiskussion zu erhöhen.

Erste Annäherung an das Thema: Beispiele aus der Praxis zur Unschärfe des Qualitätsbegriffs

2

Bildungsprozesse finden täglich statt und werden kontinuierlich beurteilt. Werturteile über Fort- und Weiterbildung werden z. B. von Teilnehmerinnen und Teilnehmern, von Lehrkräften und Einrichtungsleitungen, von Verantwortlichen der Arbeitsagenturen sowie von Vorgesetzten als auch Kolleginnen und Kollegen abgegeben. Um die Vielfalt von Bewertungsdimensionen deutlich werden zu lassen, sollen im Folgenden sechs Praxisbeispiele vorgestellt werden,[1] die zeigen, wie schwierig es ist, Bildungsqualität zu definieren und welche Grauzonen und Ambivalenzen im Alltagsbegriff „Qualität" enthalten sind.

2.1 Beispiel A: Schwacher Kursleiter motiviert leistungsstarke Teilnehmende

Als Resultat des Niedergangs der Chemieproduktion in der Region Halle/Bitterfeld/ Leipzig wurden Tausende von hoch qualifizierten Fachkräften arbeitslos. Für von der Entlassungswelle betroffene Chemikerinnen und Chemiker wurde eine Auftragsmaßnahme der Arbeitsagentur eingerichtet, die als Qualifizierungsziel „Umweltanalytiker/ in" vorsah.

Der private Bildungsträger verpflichtete als Hauptdozenten einen Westdeutschen, der fachliche Schwächen besaß und dazu auch noch unzuverlässig war. So ließ er die Teilnehmenden des Öfteren am Montagmorgen warten, weil er den

---

[1]Bei den Beispielen wird bewusst darauf verzichtet, Angaben zur Einrichtung und zu den Dozierenden zu machen, weil Vertraulichkeit zugesichert wurde. Die Beispiele A bis D finden sich zusammen mit weiteren Beispielen erstmals bei Gnahs (1998, S. 8 ff.).

Veranstaltungsort nicht rechtzeitig erreichte. Die „Ost-West-Konfrontation" war so vorprogrammiert.

Die Teilnehmenden erkannten schnell, dass das westdeutsche Lehrpersonal „auch nur mit Wasser kochte", und reagierten auf die dennoch herablassende Art des Dozenten mit „fachlichem Trotz". Sie wollten zeigen, dass auch in der DDR qualifiziert gearbeitet wurde, entwickelten vor diesem Hintergrund eigeninitiativ vielfältige Aktivitäten und erschlossen sich so das vorgesehene Fachgebiet.

Im Ergebnis traten die Teilnehmerinnen und Teilnehmer aus ihrer für Ostdeutschland eher typischen „abwartenden Haltung" und Fixierung auf den Dozenten (vgl. Siebert 1993, S. 6 ff.) heraus und nahmen ihre Geschicke selbst in die Hand. Der Lernerfolg war nach eigener Einschätzung beträchtlich, trotz eher ungünstiger Rahmenbedingungen. Der Dozent hatte unbeabsichtigt ein hohes Maß an Teilnehmeraktivierung erreicht und ebenso unbeabsichtigt in der Vermittlung von Schlüsselkompetenzen (z. B. Selbstständigkeit, Initiative, Verantwortungsbereitschaft) erfolgreiche Arbeit geleistet.

Im Hinblick auf die Qualitätsbeurteilung stellen sich folgende Fragen:

- Kann die Qualität einer Veranstaltung allein auf das Gesamtergebnis, den Lernerfolg, bezogen werden?
- Inwieweit dürfen unbeabsichtigte Effekte mit Qualität erhöhender Wirkung bei der Beurteilung Berücksichtigung finden?

2.2 Beispiel B: Unmotivierte Teilnehmerinnen beeinträchtigen ausgefeiltes Kurskonzept[2]

In einer Kleinstadt nahe Leipzig wurde ein Vorbereitungskurs für Existenzgründerinnen eingerichtet. Zentraler Bestandteil des Lehrgangskonzepts war die Einübung unternehmerischen Handelns am praktischen Beispiel. Dieses „unternehmerische Praktikum" in Form einer Übungsfirma („Dienstleistungscenter") wurde durch die üblichen fachlichen Unterweisungen in Grundlagenfächern wie „Buchhaltung", „Betriebswirtschaftslehre" und „Textverarbeitung" vorbereitet. Im ersten Durchlauf hatte sich dieses Curriculum bewährt, sodass Veranstalter und Arbeitsamt entschieden, eine zweite Seminarreihe gleicher Art durchzuführen.

Die Teilnehmerinnen für die Maßnahme wurden durch eine regelrechte Stellenausschreibung gewonnen. Darüber hinaus konnten sich im Anschluss an

---

[2]Diese Maßnahme wurde im Rahmen des ESF-Bildungstests in Sachsen untersucht.

eine Informationsveranstaltung Interessentinnen mit Blick auf eine konkrete Aufgabe im Dienstleistungscenter bewerben. Aus dem Bewerberinnenkreis wurden schließlich 13 Frauen als geeignet ausgewählt.

Die Teilnehmerinnen kamen mit sehr unterschiedlichen Bedürfnissen in die Maßnahme. Für einige stand der Wunsch zur Selbstständigkeit im Vordergrund, für andere das fachliche Interesse am Erlernen neuer Kenntnisse und Fähigkeiten. Eine nicht unbedeutende Rolle spielte bei einigen Teilnehmerinnen der Umstand, dass während der Maßnahme eine Vergütung (Unterhaltsgeld) von fast 600 EUR gezahlt wurde.

Im Resultat hatten die beiden Kursleiter damit zu kämpfen, einige der Teilnehmerinnen für die Mitarbeit am eigentlichen Kursziel zu motivieren. Sie waren zur Übernahme von Teilaufgaben nicht zu bewegen, etwa zur Akquise von Anzeigen für eine Festzeitschrift, da sie diese – von ihnen „Klinkenputzen" genannte – Tätigkeit unter ihrer Würde empfanden. Zudem machten sie sogar Stimmung gegen das geplante Vorgehen, was schließlich die eigentlich Interessierten wankelmütig werden ließ.

Insgesamt litt der Ablauf des Kurses unter der Verweigerungshaltung einiger Teilnehmerinnen und den damit verbundenen zeitlichen Verzögerungen bei der Abwicklung des Kurspensums sowie unter den Motivationsverlusten der restlichen Gruppe.

Im Zusammenhang mit der Qualitätsbeurteilung stellen sich folgende Fragen:

- Inwieweit kann ein Veranstalter einer Maßnahme für störendes und destruktives Verhalten von Teilnehmenden verantwortlich gemacht werden?
- Welchen Einfluss haben die Teilnehmerinnen und Teilnehmer auf die Qualität der von ihnen besuchten Maßnahme, bzw. in welchem Maße sind sie selbst verantwortlich für den Ablauf?

2.3 Beispiel C: Die Vorzüge der Veranstaltung liegen neben dem eigentlichen Ziel[3]

In einer Volkshochschule in der Nähe von München fand ein Sprachkurs in „Neugriechisch für Anfänger" statt. Nach mehreren Kurssitzungen hatten die sieben Teilnehmerinnen und Teilnehmer noch kein Wort Griechisch gelernt. Dennoch fanden die Teilnehmenden offenbar Gefallen an der Veranstaltung, da ein Drop-out

---

[3]Dieses Beispiel wird von Geißler (1993, S. 9 f.) berichtet.

nicht zu beklagen war. Das Gruppenklima konnte als ausgesprochen gut eingestuft werden, weil die beteiligten Personen offenbar miteinander harmonierten.
Die Kursleiterin litt jedoch unter der Diskrepanz von Ankündigung und Realität. Auf Befragen gestand indes auch sie ein, dass sie gerne so weitermachen wolle wie bisher.
Aus dieser sehr ausgefallenen Situation ergeben sich folgende qualitätsbezogene Fragen:

- Inwieweit darf die Teilnehmerorientierung praktisch zur Selbstaufgabe des Kurses führen?
- In welchem Umfang sollte die Kursleitung die Bedürfnisse der Teilnehmenden steuern, bzw. inwieweit ist die Kursleitung für die Durchführung des angekündigten Programms verantwortlich?

2.4 Beispiel D: Wenn der Lernerfolg im Dunkeln bleibt

Eine niedersächsische Heimvolkshochschule führte ein Bildungsurlaubsseminar mit dem Titel „Vom Wenn und Aber ins Hier und Jetzt" durch. In der Veranstaltungsankündigung hieß es: „Oft sind Menschen in alten Verhaltensmustern und Einwänden fast unbemerkt so verwickelt, dass sie nicht weiterkommen, obwohl sie es sich aufrichtig wünschen. Neue Strategien des NLP (Neuroling. Programmieren) und auch alte Rituale zum Teil fremder Kulturen helfen, den ‚Zauber' aufzuheben. Lebenswege werden freigegeben, Pläne können sich entwickeln und der Lebensweg wird so gestaltet, wie sie es wirklich möchten – ohne Wenn und Aber." Nach dem Kennenlernen und der Seminareinführung lautet die erste Unterrichtseinheit „Anleitung zum Unglücklichsein – oder: Wie fahre ich am besten in die Lebenssackgassen? – Meine Erfolgsblockaden und Energiebremsen." Das Seminar endet nach knapp vier Tagen mit der Unterrichtseinheit „Transfer in den Lebensalltag; Trance-Tanz-Rituale: Visionstunnel, Tanz über die goldene Brücke, Tanz auf dem Wunsch-Tuch".

An diese Seminarkonzeption schließen sich unter Qualitätsgesichtspunkten die folgenden Fragen an:

- Welche Rückschlüsse lassen Programmankündigungen auf die Güte der Veranstaltung zu?
- Handelt es sich bei dieser Veranstaltung überhaupt um Erwachsenenbildung oder um eine Vorform von Therapie?

- Wie lässt sich der Lernerfolg bei einer solchen Maßnahme messen?
- Sind herkömmliche methodisch-didaktische Standards überhaupt auf derartige „Psychokurse" anwendbar?
- Ist eine derartige persönliche Neuorientierung, wie im Kurs versprochen, überhaupt realistisch?

2.5 Beispiel E: Eine neue Erlebensqualität als Lernziel

Die Bremer Volkshochschule bietet einen Lehrgang „Fortbildung Wildnispädagogik" an. Diese Weiterbildung orientiert sich an den Lehren des US-Amerikaners Jon Young, der mit seinem Konzept des Coyote-Teachings den Zugang zur Natur wieder öffnen möchte. Es geht um Achtsamkeit gegenüber dem Leben und um die Vermittlung eines elementaren Verständnisses für ökologische Zusammenhänge. Die Wildnispädagogik gilt als eigenständiger Zweig der Umweltbildung.

Die intendierten Lernergebnisse werden so benannt: „In diesem Jahrestraining wirst du deinen Kontakt zur Natur vertiefen. Die Fortbildung bietet Raum für das eigene Erleben und zeigt Methoden, das Erlernte weiterzugeben. Sie vermittelt Basisfertigkeiten des Wildnislebens, Grundlagen für die Gruppenleitung in der Natur und Werkzeuge der Natur- und Wildnispädagogik.".

Die Themen der einzelnen Wochenenden verdeutlichen, was mit dieser vergleichsweise vagen Ankündigung gemeint ist: Neugier und Begeisterung entfachen, Naturkunde, essbare Wildpflanzen sammeln und zubereiten, Wildnis- und Survivaltechniken erlernen, Philosophie und Naturverständnis von Naturvölkern erarbeiten.

Die Teilnehmenden werden themengerecht auf die Veranstaltung eingestimmt: „Umgeben von Wäldern, Dünen, Heide, Seen und Bächen wirst du in das Abenteuer Naturverbindung eintauchen. Du erfährst auf ganzheitliche Art und Weise die Natur. Die alte Kunst des Lehrens, auf unbemerkte Weise Wissen zu vermitteln[,] wird dich begleiten. Das Coyote Mentoring bringt dich in die offene Wahrnehmung. Lehren aus verschiedenen Naturvölkern zeigen uns alte Wege[,] Naturwissen zu vermitteln und dabei wirkliche Verbindung zur Erde zu knüpfen.".

Die gesamte Bildungsreihe kostet 1670 EUR, zusätzlich fallen Materialkosten in Höhe von 810 EUR an. Zusammen beträgt die Teilnahmegebühr demnach fast 2500 EUR für sieben Wochenendseminare.

Im Hinblick auf die Qualitätsbeurteilung ergeben sich folgende Fragen:

- Ist die Programmankündigung im Hinblick auf die Lernziele konkret genug?
- Ist die Wirkungsunterstellung als seriöse Aussage anzusehen?
- Lässt sich der Lernerfolg überhaupt angemessen beurteilen?

2.6 Beispiel F: Stressregulation im Arbeitsalltag

Die Führungsspitze eines großen Klinikums beschließt angesichts anhaltend hoher Krankenstände und Personalfluktuation, ihre Abteilung Personalmanagement mit einer Maßnahme zum betrieblichen Gesundheitsmanagement zu beauftragen. Diese beschließt, in diesem Rahmen Fortbildungstage zu Achtsamkeit im Arbeitsalltag und in autogenem Training anzubieten. Weil das Personal so knapp ist und auch viele Pflichtveranstaltungen u. a. zu neuen Expertenstandards und Hygienevorschriften durchzuführen sind, wird pro Themenschwerpunkt jeweils ein halber Fortbildungstag angesetzt.

Am Ende des Jahres haben beide Fortbildungsschwerpunkte im Klinikum mit ca. 1200 Beschäftigten je zweimal stattgefunden, insgesamt konnten 80 Mitarbeitende aus allen Beschäftigungsbereichen des Klinikums an einer der beiden halbtägigen Fortbildungen teilnehmen.

Die Evaluationsbögen der Teilnehmenden geben unmittelbar nach Veranstaltungsende ein positives Feedback: Die Inhalte und Übungen wurden als ebenso bereichernd empfunden wie die Lernatmosphäre und Kompetenz der Fortbildungsleitung. An der speziell zu diesem Zweck vereinbarten Folgebefragung ein halbes Jahr nach dem Besuch der Einheit beteiligen sich nicht mehr alle Mitarbeitende; die erfolgten Rückmeldungen geben überwiegend an, den Transfer in den Arbeitsalltag als schwierig zu empfinden, sich gegenüber dem Team keine „Extrawurst" mit verändertem Arbeits- oder Pausenverhalten herausnehmen zu wollen und eine Auffrischung des Gelernten zu wünschen, da man nicht alle Übungen erinnern würde.

Im Kontext einer Qualitätsdiskussion könnten folgende Fragen durchdacht werden:

- Sollten die Ziele der Fortbildungsmaßnahme aufgrund der zweiten Befragungsergebnisse letztlich als gescheitert betrachtet werden, obwohl das Feedback der Teilnehmenden positiv ist?
- Sind Lernziele bezüglich einer Verhaltensänderung durch Kurz-Fortbildungen überhaupt erreichbar?
- Müssen Maßnahmen zur Verbesserung der Qualität – hier der Arbeitsplatzqualität – regelhaft Teil eines größeren Organisationsentwicklungsprozesses sein?

2.7 Zur Reflexion

- Wie würden Sie die Fragen nach den sechs Beispielen beantworten? Beziehen Sie in Ihre Antworten Ihre Erfahrungen mit Bildungsveranstaltungen aller Art ein.
- Wenn Sie an Ihre persönlichen Bildungserfahrungen denken, z. B. Schulunterricht, Universitätsseminare, Volkshochschul- und sonstige Fort- und Weiterbildungskurse: Welche Aspekte haben Ihnen dabei besonders gut gefallen?
- Welche Kriterien würden Sie für „gute Weiterbildung" definieren?

2.8 Literaturtipps

- Stiftung Warentest. (2013). *Sprachen lernen. Lernformen, Kursqualität, Lerntipps, Zertifikate, Einstufung*. Berlin: Stiftung Warentest. https://www.test.de/Leitfaden-Weiterbildung-Zehn-Wege-zum-Sprachenlernen-1773167-0/. Zugegriffen: 11. Sept. 2018.
- Stiftung Warentest. (2014). *Train-the-Trainer-Qualifizierungen: Was ein guter Lehrgang bieten sollte*. Berlin: Stiftung Warentest. https://www.test.de/Train-the-Trainer-Kurse-Was-ein-guter-Lehrgang-bieten-sollte-4759962-0/. Zugegriffen: 11. Sept. 2018.
- Weiterbildungsguide der Stiftung Warentest. https://weiterbildungsguide.test.de/.
- Weiterbildungsberatung der Stiftung Warentest. https://www.test.de/thema/weiterbildungsberatung/.

Literatur

Geißler, K. A. (1993). Es bleibt alles beim Neuen – Erwachsenenbildung zwischen Marktorientierung und Aufklärung. *Berichte und Informationen der Erwachsenenbildung, 25* (2 Nr. 54), 2–11.
Gnahs, D. (1998). *Vergleichende Analyse von Qualitätskonzepten in der Weiterbildung* (Reihe: Materialien des Instituts für Entwicklungsplanung und Strukturforschung, Bd. 164). Hannover: Institut für Entwicklungsplanung und Strukturforschung.
Siebert, H. (1993). *Ostdeutsche Erwachsenenbildung: Von der Bildungspflicht zur Qualifizierungsnotwendigkeit*. Hannover: Vervielfältigtes Manuskript.

Zum Stand der Qualitätsdiskussion in der Weiterbildung

3

In der politisch gewollten und geförderten Weiterbildung zu Beginn der 1970er-Jahre spielte die Qualitätsfrage eine bedeutende Rolle, auch wenn der Begriff als solcher in Fachdebatten praktisch kaum genannt wird. Die Diskussion setzte vorrangig bei der Kursleitung an, Inhalte thematisierten den Lehr-Lern-Prozess und Möglichkeiten seiner Optimierung. Vorwiegend prägte der Begriff „Professionalisierung" das damals herrschende Qualitätsverständnis (Gnahs 1998, S. 4 f.).

In der ersten Phase der vom Arbeitsamt geförderten Weiterbildung, die etwa von 1969 bis 1975 reichte, existierte bei der damaligen Bundesanstalt für Arbeit kein explizites Qualitätskonzept – jene Maßnahmen standen gänzlich im Zeichen der Professionalisierungsdiskussion. Dennoch verfügt bereits seit dieser Zeit die Ausrichtung auf präventive Arbeitsmarktpolitik und die dabei im Zentrum stehende Aufstiegsfortbildung gleichsam über so etwas wie „eingebaute Qualitätssicherungen": Zum einen handelt es sich bei den Aufstiegsfortbildungen um staatliche bzw. öffentlich-rechtliche Abschlüsse mit einem entsprechenden Grad von Standardisierung und Kontrolle, zum anderen muss das eingesetzte Lehrpersonal Lehrbefähigungen nachweisen, die sowohl fachliche als auch pädagogische Kompetenzen abdecken (z. B. die Ausbildereignungsprüfung AEVO; Sauter 2002).

Das Jahr 1976 markiert die Wende zur neueren Qualitätsdiskussion, was sich an zwei Entwicklungen festmachen lässt: In einem ersten Schritt wurde das Fernunterrichtsschutzgesetz (FernUSG) verabschiedet, das seither neben Verbraucherschutzvorschriften auch eine verbindliche Zulassung aller angebotenen Fernlehrgänge vorsieht. Damit wurde die Professionalisierung als alleiniger Schutzmechanismus im Bildungssektor infrage gestellt und durch externe Kontrollen sowie eine Stärkung der Nachfrageseite ergänzt. Auch die Bundesanstalt für Arbeit führte in diesem Jahr erstmals eine explizite Vorschrift zur Qualität ein.

Der zweite wichtige Schritt markiert die Arbeitsmarktentwicklung: Mit der Ausweitung der Erwerbslosigkeit zu einem Massenphänomen verschob sich der Förderschwerpunkt des Staates von der Aufstiegs- zur Anpassungsweiterbildung. Letztere führt allerdings in der Regel nicht zu anerkannten Abschlüssen, sodass die Arbeitsverwaltung eigene Beurteilungskriterien entwickeln musste. 1976 setzten die Arbeitsämter erstmals das vom Bundesinstitut für Berufsbildung konzipierte „Instrumentarium zur Begutachtung beruflicher Erwachsenenbildungsmaßnahmen" ein, das 1989 durch Qualitätsstandards für Fortbildung und Umschulung ergänzt wurde. Beide dienten im Wesentlichen dazu, die in den Bildungsprozess einfließenden Inputfaktoren vor Beginn der Maßnahme zu überprüfen (inputorientierte Qualitätssicherung).

Nach der Wiedervereinigung 1990 setzte ein beispielloser Weiterbildungsboom ein, der in den neuen Ländern die Transformation von der sozialistischen Planwirtschaft zur Marktwirtschaft stützen sollte. Die damit verbundene Mengenexpansion von Maßnahmen führte allerdings auch zu erheblichen Qualitätsproblemen, die in Schlagworten wie „wilder Bildungsosten" und „Goldgräberstimmung" ihren sinnfälligen Ausdruck fanden (Gnahs 1998, S. 1 f.; Sauter 1995, S. 7; Faulstich et al. 2004, S. 14 f.). Die Bundesanstalt reagierte mit dem Einsatz von Prüfgruppen, die die Angebote „vor Ort" in Augenschein nahmen und kontrollierten, ob der vom Maßnahmenträger zugesicherte Standard auch tatsächlich eingehalten wurde. Parallel hierzu erstarkte in dieser Zeit auch eine weitere Entwicklung, die das Qualitätsverständnis der Weiterbildung maßgeblich mit beeinflusste: die sogenannte ISO-Diskussion.

Die Übertragung ökonomisch geprägter Konzepte wie der Normenfamilie ISO 9000 ff. auf Praxen der Bildung und Erziehung setzte eine heftige Kontroverse in Gang. Auseinandersetzungen um vorbeugende und prozessbegleitende Qualitätssicherung wurden für viele Jahre zu einem Leitthema in Theorie und Praxis der Weiterbildung. Die anfänglich fast ausschließlich auf die ISO-Normenfamilie zentrierte Debatte fächerte sich spätestens Mitte der 1990er-Jahre auf, als auch andere Qualitätskonzepte für die Weiterbildung ins Blickfeld gerieten. Zu nennen sind hier vor allem Qualitätsverbünde, etwa die Weiterbildung Hamburg e. V. und das EFQM-Modell als Beispiel für ein umfassendes und auf Bestleistung gerichtetes Qualitätskonzept („Total Quality Management"). In diese Phase aufkeimender Qualitätsbemühungen fielen auch die seither fest etablierten zahlreichen Aktivitäten der Stiftung Warentest, die seither unter anderem mit ihren Weiterbildungstests die Verbrauchersicht stärkten.

Nach der Jahrtausendwende erhielt die Qualitätsdiskussion durch das erste Gesetz für moderne Dienstleistungen am Arbeitsmarkt im Jahr 2003 eine neue Wendung, denn es löste die Überprüfung von Qualität aus behördlichen Institutionen heraus. Seit Inkrafttreten des Gesetzes sind nicht länger die Arbeitsämter für die Qualitätsüberprüfung von Maßnahmenträgern und Maßnahmen im SGB-III-Bereich zuständig, sondern fachkundige externe Stellen. Die Einzelheiten der Umsetzung wurden in einer Durchführungsverordnung geregelt (Anerkennungs- und Zulassungsverordnung – Weiterbildung – AZWV, seit 2012 AZAV). Neben dieser bundesweiten Regelung trafen auch einzelne Länder in ihren hoheitlichen Handlungsbereichen der Weiterbildungsgesetze Qualitätsregelungen, deren Einhaltung nicht selten förderungsrelevant ist, so etwa in Bremen oder Nordrhein-Westfalen.

Als sich zu Beginn der 1990er-Jahre die Qualitätsdebatte in der Weiterbildung intensivierte, hielten viele Akteurinnen und Akteure diese Diskussion nur für eine Modeerscheinung. Rückblickend ist zu konstatieren: Sie haben sich geirrt. Die Themenstränge Qualität und Formen des Qualitätsmanagements sind auch heute noch – fast 30 Jahre später – von großer bildungspolitischer und wissenschaftlicher Aktualität, wie die Sichtung einschlägiger Veröffentlichungen beweist (z. B. Gnahs 2013; Hartz und Meisel 2011; Zollondz 2011; Töpper 2012; laufende Veröffentlichungen der Stiftung Warentest: https://www.test.de/unternehmen/publikationen-5016939-0/).

Inzwischen setzen die Bildungsträger vielfach auf „hausgemachte" Konzepte, andere kombinieren einrichtungsspezifische Vorgehensweisen mit standardisierten Verfahren. Insgesamt herrscht eher Pragmatismus im Vorgehen, ein Sich-Herantasten an die beste Lösung ohne Rücksicht auf die „Reinheit der Lehre", die in der Anfangsphase der Qualitätsdebatte noch so bestimmend war. Mehr noch: Nach einer anfänglich beobachtbaren – teilweise – klaren Zustimmung zu Maßnahmen des Qualitätsmanagements scheint sich inzwischen so etwas wie „QM-Skepsis" breitzumachen. Zunehmend werden Wirkungen von Qualitätsmanagement auf das Weiterbildungsgeschehen hinterfragt, und vielerorts wird diskutiert, ob Aufwand und Ertrag beim Qualitätsmanagement in einem vernünftigen Verhältnis zueinanderstehen (Gnahs 2011; Töpper 2012).

3.1 Zur Reflexion

- Welche zentralen Begriffe prägen die aktuelle Qualitätsdebatte?
- Welcher Trend lässt sich aus der beschriebenen Qualitätsdiskussion ablesen?
- Wo liegen Hauptkontroversen der Diskussion?
- Wie ordnen Sie die Qualitätsdebatte gesellschaftspolitisch ein?

3.2 Literaturtipps

- Balli, C., Krekel, E. M., & Sauter, E. (Hrsg.). (2004). *Schriftenreihe: Berichte zur beruflichen Bildung: Bd. 262. Qualitätsentwicklung in der Weiterbildung. Wo steht die Praxis?* Bielefeld: Bertelsmann.
- Weiland, M. (2011). *Wie verbreitet sind Qualitätsmanagement und formale Anerkennungen bei Weiterbildungsanbietern?* Schriftenreihe: DIE aktuell. Bonn: DIE. https://www.die-bonn.de/doks/2011-qualitaetsmanagement-01.pdf. Zugegriffen: 11. Sept. 2018.

Literatur

Faulstich, P., Gnahs, D., & Sauter, E. (2004). *Systemqualität in der beruflichen Weiterbildung. Fragestellungen, Konsequenzen und Alternativen nach Hartz.* Bonn: FES. http://library.fes.de/pdf-files/asfo/02584.pdf. Zugegriffen: 13. Sept. 2018.

Gnahs, D. (1998). *Vergleichende Analyse von Qualitätskonzepten in der Weiterbildung* (Reihe: Materialien des Instituts für Entwicklungsplanung und Strukturforschung, Bd. 164). Hannover: Institut für Entwicklungsplanung und Strukturforschung.

Gnahs, D. (2011). Qualitätsentwicklung am Scheidewege. In S. Möller, C. Zeuner, & A. Grotlüschen (Hrsg.), *Die Bildung der Erwachsenen. Perspektiven und Utopien. Für Peter Faulstich zum 65. Geburtstag* (S. 165–173). Weinheim: Juventa.

Gnahs, D. (2013). Qualitätsmanagement in der Aus- und Weiterbildung. In G. Cramer, S. F. Dietl, S. H., & W. Wittwer (Hrsg.), *PersonalAusbilden. Das aktuelle Nachschlagewerk für Praktiker (Loseblattsammlung)* (Kapitel 6.0.125). Köln: Deutscher Wirtschaftsdienst.

Hartz, S., & Meisel, K. (2011). *Qualitätsmanagement* (3. aktual. u. überarb. Aufl.). Bielefeld: Bertelsmann.

Sauter, E. (1995). Bildungspolitische Aspekte der Qualitätssicherung in der Weiterbildung. In J. E. Feuchthofen & E. Severing (Hrsg.), *Qualitätsmanagement und Qualitätssicherung in der Weiterbildung* (S. 22–39). Neuwied: Luchterhand.

Sauter, E. (2002). Qualitätssicherung in der beruflichen Weiterbildung – Stand und Handlungsbedarf. In Forum Bildung (Hrsg.), *Expertenberichte des Forum Bildung* (S. 165–170). Bonn: BLK. urn:nbn:de:0111-opus-3566. Zugegriffen: 11. Sept. 2018.

Töpper, A. (Hrsg.). (2012). *Qualität von Weiterbildungsmaßnahmen. Einflussfaktoren und Qualitätsmanagement im Spiegel empirischer Befunde.* Bielefeld: Bertelsmann.

Zollondz, H.-D. (2011). *Grundlagen Qualitätsmanagement. Einführung in Geschichte, Begriffe, Systeme und Konzepte* (3. überarb. Aufl.). München: Oldenbourg.

Zentrale Begriffe 4

4.1 Der Begriff „Qualität"

Die Begriffe „Qualität" und „qualitativ" sind heute Teil der Alltagssprache und mit vielen Deutungen und Bedeutungen verknüpft. So kauft man „Qualitätsprodukte" oder verbessert sich mit der neuen Wohnung „qualitativ". Qualitätskriterien hierzu werden selten expliziert, das Qualitätsurteil ist stattdessen oft eine subjektive Zuschreibung von Eigenschaften bezüglich Dingen, Personen und Vorgängen. Häufig schwingen bei der Verwendung des Begriffs „Qualität" positive Assoziationen mit: Qualität wird gleichgesetzt mit guten Eigenschaften, z. B. zu Brauchbarkeit und Wert.

In Wissenschaften, Technik und Wirtschaftsleben werden Qualitätsbegriffe verwendet, die definiert und häufig sogar operationalisiert sind. Ausgangspunkt der Betrachtung ist der Wortsinn des Begriffes „Qualität", Lexika und Wörterbücher benennen Synonyme wie „Beschaffenheit", „Güte" und „Wert" (z. B. Duden: https://www.duden.de/rechtschreibung/Qualitaet). Sprachgeschichtlich zielt der Begriff auf innere oder äußere Eigenschaften von Sachen oder das Ausmaß der sozialen Wertschätzung von Personen ab und dient damit als wertende, orientierende Zuschreibung (vgl. z. B. Schischkoff 1969, S. 497; Zollondz 2011, S. 8 ff.; Dalueg und Franz 2008, S. 33 ff.).

Die Philosophie unterscheidet objektive Qualitäten, die den Dingen von Natur aus anhaften und Wesensmerkmal sind, und subjektive Qualitäten, die allein durch menschliche Wahrnehmung und Bewertung existent werden. John Locke (2011) führte dafür die Begriffe „primäre Qualitäten" (objektive, mathematisch-physikalische) und „sekundäre Qualitäten" (subjektive, psychisch entstandene) ein. Einige philosophische Strömungen (Aristoteles, Scholastiker) waren bestrebt, Qualität auf Quantität zurückzuführen, ein Anliegen, das die moderne Naturwissenschaft aufgriff; so werden beispielsweise Klänge und Farben in der Physik als Schallschwingungen bzw. Lichtwellen ausgedrückt.

Der Ansatz zur Quantifizierung von Qualitäten ist auch im Wirtschaftsleben durchaus üblich. Nicht selten werden z. B. Maßstäbe definiert, mit denen über Quantität die Qualität von Waren gemessen werden kann – so etwa Qualitätsgewichte bei Papier und Holz, Feingehalt bei Edelmetalllegierungen oder Karat bei Diamanten. Gebräuchlich ist auch die Festlegung von Qualitätsstufen in Form von Güte- oder Handelsklassen (z. B. bei landwirtschaftlichen Produkten). Zudem wird zumindest ein Teil der qualitätsrelevanten Eigenschaften durch Normung vorgegeben, sodass die Käufer vieler Produkte bei ihrer Konsumentenentscheidung beispielsweise von festen Maßen oder Gewichten ausgehen können.

Im Normenwerk des Deutschen Normenausschusses ist im Übrigen auch der Qualitätsbegriff selbst nominal definiert: Bis 2005 war Qualität gekennzeichnet als die Gesamtheit von Merkmalen einer Einheit bezüglich ihrer Eignung, festgelegte oder vorausgesetzte Erfordernisse zu erfüllen (DIN EN ISO 8402). Mit der Inkraftsetzung der DIN EN ISO 9000:2005 ist Qualität abstrakter gefasst und gilt als der Grad, in dem ein Satz inhärenter Merkmale Anforderungen erfüllt. Mit dieser Definition ist seither letztlich ein Rahmen gesteckt, der jeweils in Bezug auf die jeweilige qualitätsrelevante Einheit mit Inhalt gefüllt und konkretisiert werden muss.

Traditionell wird in der Industrie die Qualität eines Produkts „erprüft" durch Testen der erzeugten Waren auf ihre Funktionsfähigkeit bzw. Eignung am Ende des Fertigungsprozesses. In Anlehnung an japanische Konzepte wird seit einigen Jahrzehnten darüber hinaus verstärkt auch auf die Prozessqualität abgestellt, d. h., Qualitätskontrollen finden produktionsbegleitend und in allen Teilen des Unternehmens statt. Für diesen umfassenden Qualitätsansatz hat sich der Begriff „Total Quality Management" (TQM) eingebürgert. Die neue Qualitätspolitik ist zudem durch eine starke Kundenorientierung geprägt: Qualität ist, was der Kunde wünscht. Damit öffnet sich auch das Wirtschaftsleben einer stärkeren subjektiven Ausrichtung des Qualitätsbegriffs.

4.2 Dienstleistungsqualität

Während die Frage der Qualität für den Bereich der Industrieproduktion schon relativ lange Brisanz hatte, blieb der Dienstleistungssektor von der Qualitätsdiskussion zunächst meist ausgeklammert. Dafür gibt es mehrere Gründe:

- Bereitstellung und Inanspruchnahme einer Dienstleistung sind praktisch ein Vorgang, sodass der Dienstleister keine vorherige Qualitätskontrolle vornehmen kann.

4.2 Dienstleistungsqualität

- Dienstleistungen gelten als schwer zu standardisieren: Keine einzelne Dienstleistung ist mit einer anderen identisch, jeder Vorgang ist praktisch einzigartig und nicht wiederholbar.
- Der menschliche Faktor steht bei der Dienstleistungserstellung im Vordergrund, während er bei der Warenproduktion nicht unmittelbar sichtbar wird.
- Kundinnen und Kunden sind an der Erstellung der Dienstleistung wesentlich beteiligt, da diese in der Regel das Ergebnis einer Koproduktion darstellt.

Die Analyse von Dienstleistungen, die Festlegung von Qualitätskriterien und die Installation von Qualitätsmanagementsystemen befinden sich noch in einem frühen Entwicklungsstadium. Dies gilt nicht nur für bundesdeutsche und europäische Verhältnisse, sondern auch für die Situation in den USA. Dortige Untersuchungen seit den 1980er-Jahren gehen im Kontext der Dienstleistungsqualität von einem Begriff aus, der die Kundenorientierung in den Mittelpunkt stellt. Nach diesem Verständnis ist Dienstleistungsqualität das Ausmaß der Diskrepanz von Kundenerwartungen und Kundenwünschen zu ihren tatsächlichen Erfahrungen und Wahrnehmungen (Zeithaml et al. 1990, S. 19).

Über eine explorative Studie (Zeithaml et al. 1990) identifizierten amerikanische Forscher zehn Dimensionen von Dienstleistungsqualität (S. 20 ff.):

- *Ausstattung* (z. B. Funktionalität, Modernität, Ästhetik),
- *Zuverlässigkeit* (z. B. Pünktlichkeit, Präzision bei der Ausführung von Kundenwünschen, Einhaltung von Zusagen),
- *Aufgeschlossenheit* (z. B. Eingehen auf Kundenwünsche, Bereitschaft zur Innovation),
- *Kompetenz* (z. B. Aktualität der Kenntnisse und Fertigkeiten, Einsatz moderner Methoden, Zugriff auf Netzwerke),
- *Freundlichkeit* (z. B. Höflichkeit, Empathie, Langmut),
- *Image* (z. B. Einschätzung der Leistungsfähigkeit durch Außenstehende, Einschätzung im Vergleich zu Mitkonkurrenten),
- *Sicherheit* (z. B. Datenschutz, Unfallvorbeugung, Diebstahlsicherheit),
- *Zugänglichkeit* (z. B. Erreichbarkeit des Standortes mit öffentlichen Verkehrsmitteln, Behindertengerechtigkeit, Vorhandensein von Parkplätzen und Fahrradständern),
- *Informationsgebaren* (z. B. Klarheit und Vollständigkeit der Information, Aktualität, Verfügbarkeit),
- *Kundenorientierung* (z. B. Erforschung der Kundenwünsche, Einstellung auf Nachfragetrends).

Dieser Kriterienkatalog zeigt eindrucksvoll, dass im Blickpunkt von Qualität nicht nur Leistung im engeren Sinne steht, sondern auch das gesamte Umfeld, in dem diese erbracht wird. Die tatsächliche Relevanz dieser Kriterien für die eigene Einschätzung von Dienstleistungsqualität wird ohne Weiteres plausibel, wenn persönliche negative Erfahrungen in diesem Sektor abgerufen werden: Unmittelbar wird man sich an unfreundliche Schaffner oder die verspätete Lieferung von Möbeln, an Warteschlangen bei der Post oder verschmutzte Zugabteile erinnern.

4.3 Weiterbildungsqualität

Nachdem in den vorangegangenen beiden Abschnitten eine erste Vorstellung davon gewonnen werden konnte, was mit dem Qualitätsbegriff gemeint ist, soll nun versucht werden, den Begriff „Weiterbildungsqualität" zu definieren.

In einem ersten Schritt soll festgelegt werden, was unter „Weiterbildung" überhaupt verstanden wird, um den Objektbereich der hier erörterten Qualitätsdiskussion eingrenzen zu können. In Anlehnung an eine Definition des Deutschen Bildungsrates (1970, S. 197) hat sich hierzu eine Begriffsbestimmung der Bund-Länder-Kommission für Bildungsplanung (BLK) weitgehend durchgesetzt. Danach umfasst Weiterbildung alle Formen der „Fortsetzung oder Wiederaufnahme organisierten Lernens nach Abschluss einer unterschiedlich ausgedehnten ersten Bildungsphase und in der Regel nach Aufnahme einer Berufstätigkeit" (BLK 1981, S. II A 8/1). Ein zentraler Einwand gegen diese Definition richtet sich gegen die Beschränkung auf organisierte Lernprozesse und auf eine Ausklammerung von nicht organisierten Lernaktivitäten wie Literaturstudium oder das Lernen am Arbeitsplatz. Für den Verwendungskontext der Qualitätsbeurteilung und -kontrolle ist eine Beschränkung auf organisierte Lernprozesse indes sinnvoll, sodass die obige Definition im Rahmen der Qualitätsfragestellung durchaus geeignet erscheint.

Im nächsten Schritt soll nun versucht werden, den Begriff „Weiterbildungsqualität" zumindest so zu definieren, dass damit vorläufig eine Arbeitsgrundlage geschaffen ist. Dabei geht es in der Qualitätsdiskussion für diesen Bildungssektor zentral um die Frage, inwieweit Weiterbildung geeignet ist, bestimmte Erfordernisse, Ziele und Anforderungen zu erfüllen. Folgt man der Definition von Dienstleistungsqualität, wie sie oben vorgenommen wurde, so stehen die Konsumenten, also analog hierzu die Teilnehmerinnen und Teilnehmer, im Zentrum der Qualitätsmessung: Sie sind es, die beurteilen, wann bzw. in welchem Ausmaß die Anforderungen an eine Weiterbildungsmaßnahme erfüllt sind. Dass dieses Vorgehen nicht per se unproblematisch ist, zeigen die Beispiele aus Kap. 2: Manche

4.3 Weiterbildungsqualität

Teilnehmende sind eher eingeschränkt oder nur unvollkommen in der Lage, ein sachgerechtes Urteil über eine Weiterbildungsveranstaltung abzugeben. Insofern ist alternativ naheliegend, externe Kriterien (z. B. von Expertinnen und Experten) zu fixieren bzw. professionelle Standards zu definieren und anzulegen.

Unter Beachtung dieser Voraussetzung wollen wir Weiterbildungsqualität wie folgt definieren:

Weiterbildungsqualität ist die Eignung bzw. Anforderungsgerechtigkeit von Lehr-Lern-Arrangements für Personen, die eine erste Bildungsphase abgeschlossen und in der Regel eine Berufstätigkeit aufgenommen haben.

Die Herausforderung besteht nunmehr darin, die so bezeichneten „Anforderungen" präzise darzustellen – was allerdings zur Operationalisierbarkeit der Definition unabdingbar ist. Eine der Schwierigkeiten im Zuge einer Festlegung von Anforderungen besteht darin, dass diese abhängig sind vom jeweiligen Weiterbildungsverständnis und von den Interessen, die konkret zum Tragen kommen sollen. Dennoch soll nachfolgend der Versuch unternommen werden, einige Kategorisierungen und Klassifizierungen einzuführen, um den Gegenstandsbereich der „Weiterbildungsqualität" fassbarer zu machen.

Zunächst sollte festgelegt werden, auf welche „Einheiten" sich die Qualitätsbeurteilung beziehen kann. In Theorie und Praxis wird dabei in erster Linie auf die Veranstaltungsqualität und die Einrichtungsqualität abgestellt: Die Veranstaltungsqualität zielt auf abgrenzbare Weiterbildungsmaßnahmen und bezieht beispielsweise Qualifikation und Zahl der eingesetzten Lehrkräfte ein, während sich die Einrichtungsqualität auf die Ausstattung bzw. den Träger der Weiterbildungsmaßnahmen bezieht und dabei veranstaltungsübergreifende Aspekte wie die Arbeitsbedingungen des Personals oder die örtliche Erreichbarkeit zu berücksichtigen hat.

Darüber hinaus erscheint es sinnvoll, die Qualitätsdiskussion auch auf einer systemischen Ebene zu fassen und den Weiterbildungsbereich im Fokus regionaler oder sektoraler Gesichtspunkte zu untersuchen. Die Systemqualität der Weiterbildung könnte etwa daraufhin überprüft werden, ob z. B. ein regionales Weiterbildungssystem eines Landkreises oder eines Landes bestimmte bildungspolitische Zielsetzungen – wie eine rege Beteiligung bildungsferner Bevölkerungsgruppen – erreicht.

Weiterbildungsqualität lässt sich mit Bezug auf die jeweiligen Untersuchungsobjekte kategorisieren als Veranstaltungs-, Einrichtungs- und Systemqualität (Abb. 4.1).

Eine zentrale kategoriale Trennung wurde bereits von der Sachverständigenkommission „Kosten und Finanzierung der beruflichen Bildung" Anfang der 1970er-Jahre vorgenommen (BT-Drs. 7/1811 1974). Unterschieden wird dort zwischen Input- und Outputqualität. Dem Modell der Inputqualität liegt die Annahme

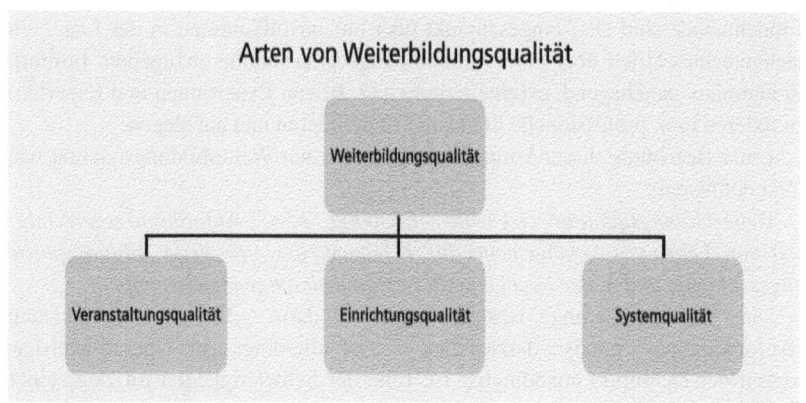

Abb. 4.1 Arten von Weiterbildungsqualität. (Eigene Darstellung)

zugrunde, dass durch das Zusammenwirken der zur Bewerkstelligung des Bildungsprozesses notwendigen Faktoren (z. B. Personal, technische Ausstattung) die Qualität der Bildung selbst beeinflusst oder sogar bestimmt wird. Von der Güte der eingesetzten Faktoren wird so auf die Güte des Produktes geschlossen. Inputqualität beschreibt demnach die Beschaffenheit der für den Bildungsprozess notwendigen Faktoren. Die Outputqualität stellt hingegen auf den abprüfbaren Lernerfolg und dessen Eignung für Beruf, Arbeitswelt und Gesellschaft ab. Der letztgenannte Aspekt wird heute im Regelfall separat hervorgehoben und als Transfer- bzw. Outcomequalität bezeichnet. Diese neuere Qualitätsdimension von Transfer und Outcome versucht die praktische Verwertbarkeit des Gelernten zu erfassen.

Faulstich (1988, S. 10–12) ergänzte diese beiden zentralen Begriffe von Input und Output sozusagen um ein „Mittelstück" durch den Begriff „Durchführungsqualität". Damit ist die Qualität der tatsächlich durchgeführten Weiterbildungsmaßnahme gemeint, also u. a. Fragen der Didaktik, Organisation und der eingesetzten Unterrichtstechnik. Diese Entwicklung kann nicht losgelöst betrachtet werden von der Entwicklung von Evaluationsmodellen wie beispielsweise nach Smith und Tyler (1942), Kirkpatrick (1959) oder Stufflebeam (1966). Die unterschiedlichen Evaluationsrichtungen und fokussierten methodologischen Orientierungen prägten die Kriterien zur Bewertung – und damit die Qualitätsdimensionen – einer Weiterbildungsqualität maßgeblich mit. Um zu bewerten, ob die verschiedenen Qualitäten erfüllt werden, müssen entsprechende Zielkriterien festgelegt und überprüft werden (vgl. dazu auch Kap. „Evaluation als Schlüsselelement des Qualitätsmanagements in Bildungseinrichtungen" in diesem Band).

4.4 Qualitätskriterien und -standards

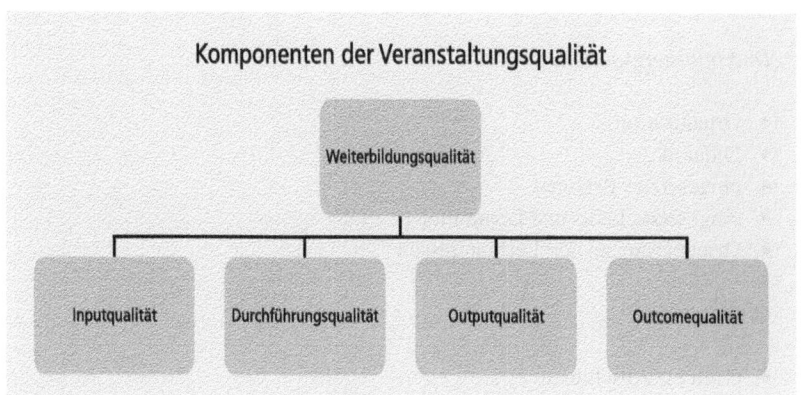

Abb. 4.2 Komponenten der Veranstaltungsqualität. (Eigene Darstellung)

Zusammenfassend betrachtet umfassen die oben beschriebenen vier Kategorien demnach mögliche Teilkomponenten (Abb. 4.2) der Weiterbildungsqualität.

4.4 Qualitätskriterien und -standards

Bei der inhaltlichen Füllung dieser Strukturen müssen Qualitätskriterien festgelegt werden. Hierunter werden Merkmale von Weiterbildung subsumiert, die als qualitätsrelevant eingeschätzt und definiert werden. Die nachfolgende Übersicht (1) gibt Beispiele für die vier oben skizzierten Komponenten der Weiterbildungsqualität.

Übersicht 1: Kriterien zur Bestimmung der Weiterbildungsqualität
Inputqualität:

- Personal
- Lehr- und Lernmittel
- Räume
- Ausstattung
- Rahmenbedingungen (z. B. Erreichbarkeit)

Durchführungsqualität:

- Organisation
- Didaktik
- eingesetztes Personal
- eingesetzte Lehr- und Lernmittel
- Orientierung an den Lerninteressen

Outputqualität:

- erreichte Abschlüsse
- fachliche Kompetenz
- soziale Kompetenz
- personale Kompetenz
- Methodenkompetenz

Outcomequalität:

- Verhinderung von Arbeitslosigkeit, Sicherung des Arbeitsplatzes
- bessere Erfüllung der Berufs- und Arbeitsanforderungen
- beruflicher Aufstieg
- gesellschaftliche Teilhabe
- gesamtgesellschaftliche Effekte

Prinzipiell können Qualitätskriterien nach folgenden Aspekten unterschieden werden:

- dichotome Qualitätskriterien (Merkmal vorhanden oder nicht),
- ordinale Qualitätskriterien (Merkmalsausprägungen lassen die Bildung einer Rangfolge zu),
- kardinale Qualitätskriterien (Merkmalsausprägungen sind quantifizierbar) und
- qualitative Qualitätskriterien (Merkmalsausprägungen bezeichnen eine Art oder einen Typus).

Die einzelnen Qualitätskriterien können bewertet sowie gewichtet und zu einem Qualitätsindex zusammengefasst werden. Dieser erlaubt, Veranstaltungen, Einrichtungen, Weiterbildungssysteme und Supportstrukturen zu beurteilen und zu vergleichen.

Abzugrenzen vom Begriff des Qualitätskriteriums ist der Begriff „Qualitätsstandard": Hierbei handelt es sich um einen Mindestwert bzw. eine Mindestausprägung eines Qualitätskriteriums. Der Qualitätsstandard ist eine gewählte Vorgabe, also ein Mindestziel, das erreicht werden soll.

Der Zusammenhang von Qualitätskriterium und Qualitätsstandard wird an folgendem Beispiel deutlich: Es dürfte unstrittig sein, dass bei den jeweils Dozierenden ein maßgeblicher Schlüssel zum Gelingen einer Veranstaltung liegt und damit die Kompetenz der Kursleitung ein zentrales Qualitätskriterium darstellt. Gemessen werden könnte sie z. B. über die folgenden Indikatoren: Qualifikation der Kursleitung, Weiterbildungserfahrung und Teilnahme an fachlichen und didaktischen Fortbildungen. Eine Einrichtung könnte nun als Qualitätsstandard festlegen, dass ihre Kursleitungen über einen Hochschulabschluss und über Weiterbildungserfahrungen von mindestens zwei Jahren verfügen sowie mindestens einmal pro Jahr an einer einschlägigen Fortbildung teilgenommen haben müssen.

Über die allgemeinen Standards hinaus wird es in Abhängigkeit vom Inhalt der Weiterbildung jeweils noch besondere Kriterien und Standards geben. So existieren z. B. im Bereich der Umweltbildung verschiedene Initiativen, die eine spezielle Qualitätssicherung für diesen Bereich intendieren, wie die Initiative der norddeutschen Bundesländer NUN oder das Österreichische Umweltzeichen (BMLFUW 2014; Blings 2017).

4.5 Qualitätsmanagement

Qualitätskonzepte für die Weiterbildung müssen im Wesentlichen zwei Teilaufgaben lösen: Zum einen müssen Qualitätskriterien bzw. -standards festgelegt werden, zum anderen sind Verfahren der Qualitätskontrolle zu definieren. Beides ist problembehaftet. Dabei müssen folgende Fragen beantwortet werden:

- Welche Kriterien sind für den Träger bzw. die jeweilige Maßnahme geeignet?
- Welche Standards sollen gesetzt werden?
- Wie kann festgestellt bzw. gemessen werden, ob der Standard erreicht ist?
- Wie werden die einzelnen Qualitätsfaktoren gewichtet, um beispielsweise die Gesamtqualität einer Veranstaltung beurteilen zu können?
- Wer führt die Qualitätskontrolle durch?

- Wann erfolgt die Qualitätskontrolle?
- Wie wird die Qualitätskontrolle durchgeführt?

Die hiermit verbundenen Entscheidungen, deren Umsetzung und Kontrolle sind Aufgabe des Qualitätsmanagements. Unter Qualitätsmanagement wird dabei allgemein die systematische und geplante Steuerung und Kontrolle aller für die Produkt- bzw. Dienstleistungsqualität relevanten Prozesse in einer Organisation durch die Leitung bzw. Führungsebene verstanden (Käfer et al. 2001, S. 79 f.; Thombansen et al. 1994, S. 29 f.; Gnahs 2013, S. 11 f.; Hartz und Meisel 2011, S. 19). Ziel des Qualitätsmanagements ist es, den im Folgenden beschriebenen Qualitätskreislauf „in Schwung zu halten": Vereinfacht ausgedrückt geht es darum, auf Basis einer Bestandsaufnahme (Ist-Analyse) Zielvorstellungen zu entwickeln (Soll-Analyse), diese durch geeignete Maßnahmen erreichbar zu machen und zu überprüfen, in welchem Maße dies realiter geschieht (Evaluation). Auf der Grundlage dieser evaluativ erzeugten neuen Bestandsaufnahme beginnt der Zyklus anschließend wieder von vorn (Abb. 4.3).

Qualitätsmanagement hat zum einen die Aufgabe, das einmal erreichte Qualitätsniveau zu gewährleisten *(Qualitätssicherung)*, also Qualitätseinbußen zu verhindern, zum anderen zielt Qualitätsmanagement darauf, Qualität kontinuierlich zu verbessern und höhere Ansprüche zu realisieren *(Qualitätsentwicklung)*. Die erste Aufgabe könnte damit als defensives, die zweite als offensives Qualitätsmanagement klassifiziert werden.

Abb. 4.3 Qualitätskreislauf. (Eigene Darstellung)

Qualitätsmanagement schließt darüber hinaus die ökonomische Seite des Bildungsgeschehens mit ein und weist deshalb begriffliche Nähe zum Bildungscontrolling auf. Unter starkem Kosten- und Wettbewerbsdruck stehend, suchen Betriebe vermehrt nach Möglichkeiten, ihre Bildungsarbeit besser zu planen und zu steuern. Controlling als ein in vielen Unternehmensbereichen erfolgreiches Steuerungsinstrument gewinnt in diesem Zusammenhang zunehmend auch im Bildungssektor an Bedeutung. Bildungscontrolling kann als eine wichtige und sinnvolle Ergänzung vorhandener Konzepte zur Verbesserung betrieblicher Bildungsarbeit – wie der etablierten Ansätze der Evaluation und Qualitätssicherung bzw. Qualitätsentwicklung – angesehen werden. Im Zentrum der Evaluation steht daher in der Regel die Beurteilung der Teilnehmerzufriedenheit, der Wirksamkeit und des Erfolges von Weiterbildungsmaßnahmen; Bildungscontrolling zielt dagegen eher auf Kosten-Nutzen-Erwägungen ab und versucht insofern, mit den jeweils eingesetzten Mitteln den größtmöglichen ökonomischen Erfolg zu realisieren (Krekel und Seusing 1999).

4.6 Zur Reflexion

- Ist Weiterbildung eine Dienstleistung wie jede andere?
- Wie würden Sie die in Übersicht 1 genannten Qualitätskriterien gewichten?
- Welches Kompetenzprofil sollte ein Qualitätsmanager haben?
- Versuchen Sie bitte Standards für folgende Qualitätskriterien festzulegen: Räume, Orientierung an den Lerninteressen, beruflicher Aufstieg.

4.7 Literaturtipps

- Galiläer, L. (2005). *Pädagogische Qualität. Perspektiven der Qualitätsdiskurse über Schule, soziale Arbeit und Erwachsenenbildung.* Weinheim: Juventa.

Literatur

BT-Drs. 7/1811 (Deutscher Bundestag Drucksache vom 14.03.1974). (1974). *Kosten und Finanzierung der außerschulischen beruflichen Bildung (Abschlussbericht).* Bonn: Deutscher Bundestag. http://dipbt.bundestag.de/doc/btd/07/018/0701811.pdf. Zugegriffen: 13. Sept. 2018.

Deutscher Bildungsrat (Hrsg.). (1970). *Empfehlungen der Bildungskommission. Strukturplan für das Bildungswesen.* Stuttgart: Klett.
Blings, J. (Hrsg.). (2017). *Qualitätsentwicklung in der außerschulischen Umweltbildung. Status, Potentiale und Vielfalt.* München: Oekom.
BLK – Bund-Länder-Kommission für Bildungsplanung und Forschungsförderung (Hrsg.). (1981). *Fortschreibung des Bildungsgesamtplans (Bildungsgesamtplan II). Entwurf. Stand Juni 1981.* Bonn: BLK.
Daluege, C.-A., & Franz, H.-W. (2008). *IQM. Integriertes Qualitätsmanagement in der Aus- und Weiterbildung. Selbstbewertung für EFQM, DIN EN ISO 9001 und andere QM-Systeme.* Bielefeld: Bertelsmann.
Faulstich, P. (1988). *Qualitätskriterien für Bildungsangebote im Bereich Informationstechniken.* Kassel: Gesamthochschule Universität.
BMLFUW – Bundesministerium für Land- und Forstwirtschaft, Umwelt und Wasserwirtschaft. (2014). *Österreichisches Umweltzeichen. Richtlinie UZ 302: Bildungseinrichtungen.* Wien: BMLFUW.
Gnahs, D. (2013). Qualitätsmanagement in der Aus- und Weiterbildung. In G. Cramer, S. F. Dietl, S. H., & W. Wittwer (Hrsg.), *PersonalAusbilden. Das aktuelle Nachschlagewerk für Praktiker (Loseblattsammlung)* (Kapitel 6.0.125). Köln: Deutscher Wirtschaftsdienst.
Hartz, S., & Meisel, K. (2011). *Qualitätsmanagement* (3. aktual. u. überarb. Aufl.). Bielefeld: Bertelsmann.
Käfer, R., Kohl, G., & Wagner, K. (2001). ISO 9000:2000-Prozessmodell. In K. W. Wagner (Hrsg.), *PQM – Prozessorientiertes Qualitäts-Management* (S. 80–91). München: Hanser.
Kirkpatrick, D. L. (1959). Techniques for evaluation training programs. *Journal of the American Society of Training Directors, 13*(12), 21–26.
Krekel, E. M., & Seusing, B. (Hrsg.). (1999). *Bildungscontrolling – ein Konzept zur Optimierung der betrieblichen Weiterbildung* (Reihe: Berichte zur beruflichen Bildung, Bd. 233). Bielefeld: Bertelsmann.
Locke, J. (2011). *Versuch über den menschlichen Verstand.* Berlin: Contumax. urn:nbn:de:101:1-201109028088. Zugegriffen: 11. Sept. 2018 (Erstveröffentlichung 1725).
Schischkoff, G. (1969). Wissenschaftstheoretische Betrachtungen über Gegenstand, Methodenlehre und Grenzen der Futorologie. *Futurum, 2*(3), 325–365.
Smith, E. R., & Tyler, R. W. (1942). *Appraising and recording student progress.* New York: Harper.
Stufflebeam, D. L. (1966). A depth study of the evaluation requirement. *Theory Into Practice, 5*(3), 121–133.
Thombansen, U., Laske, M., Possler, C., & Rasmussen, B. (1994). *Vertrauen durch Qualität. Qualitätsmanagement im Weiterbildungsunternehmen.* München: Verlag Neuer Merkur.
Zeithaml, V. A., Parasumaran, A., & Berry, l. L. (1990). *Delivering quality service. Balancing customer perceptions and expectations.* New York: Free Press.
Zollondz, H.-D. (2011). *Grundlagen Qualitätsmanagement. Einführung in Geschichte, Begriffe, Systeme und Konzepte* (3. Überarb. Aufl.). München: Oldenbourg.

Ebenen der Qualitätsbetrachtung 5

Im Kontext der Benennung zentraler Begriffe in Kap. 4 wurden drei Arten von Weiterbildungsqualität unterschieden: Veranstaltungsqualität, Einrichtungsqualität und Systemqualität (vgl. Abb. 4.1). Damit rücken drei Ebenen der Qualitätsbetrachtung ins Blickfeld, die hierarchisch miteinander verzahnt sind: Ein regionales Weiterbildungssystem beruht in seinen Versorgungsleistungen für Bevölkerung und Wirtschaft auf den Aktivitäten von Einrichtungen, die spezifische Lehr- und Beratungsangebote machen, meist in Form von Veranstaltungen wie Kursen oder Seminaren. Damit schließt die jeweils höhere Ebene die Qualitätsbetrachtung der niederen Ebene mit ein und entwickelt darüber hinaus eigene Leistungsfelder. So definiert sich die Qualität einer Einrichtung vor allem über die Qualität der durchgeführten Veranstaltungen, aber auch z. B. über die Qualität von Öffentlichkeitsarbeit und Personalentwicklung.

5.1 Veranstaltungsqualität

Wie schwierig es ist, die Qualität einer Veranstaltung angemessen zu beurteilen, haben bereits die Bespiele in Kap. 2 verdeutlicht. Die Frage nach „guter Weiterbildung" lässt sich nicht einfach beantworten, gleichwohl ist sie aus erziehungswissenschaftlicher Sicht eine zentrale Aufgabenstellung. Im Folgenden werden hierzu mögliche Wege aufgezeigt, die zur Reflexion anregen, aber keinesfalls als Patentrezepte verstanden werden sollen.

5.1.1 Leitkriterien für die Durchführung von Unterrichtsprozessen

Im Gegensatz zu den Input- und Outputindikatoren ist der eigentliche Unterrichtsprozess einer Qualitätsbeurteilung nur schwer zugänglich. Jeder pädagogische Prozess ist ein einmaliger, nicht standardisierbarer Vorgang, dessen Verlauf von vielen, nicht vorhersehbaren Faktoren und Einflüssen abhängt. Bildungsprozesse lassen sich demnach nicht schematisch beurteilen. Allenfalls möglich ist die Vorgabe eines Kriterienrasters, mit dem der prüfende, selbstkritische Blick auf „qualitätssensible" Bereiche gelenkt werden kann. Derartige Raster orientieren sich zwar an fachspezifischen wissenschaftlichen Erkenntnissen (z. B. an Lerntheorien und empirischen Untersuchungen zum Lernverhalten Erwachsener), bleiben meist aber normativ geprägt (z. B. durch ein spezifisches Menschenbild oder durch den Begründungskontext von Weiterbildung). Ein Beispiel für ein solches Raster – in diesem Falle eines mit didaktischen Orientierungen – sind die HANNA-Kriterien (Gnahs 1997, S. 10–12). Das Akronym „HANNA" steht für die Zielvorstellungen Holistisch, Aktivierend, Nachfrageorientiert, Neutral, Aktuell.

Im Einzelnen ist dies folgendermaßen zu konkretisieren:

- Bildungsprozesse sollen *holistisch* angelegt sein. Es sollte somit versucht werden, nicht nur isolierte Aspekte – gewöhnlich die kognitiven Fähigkeiten – von Lernenden anzusprechen, sondern möglichst alle Facetten der Persönlichkeit. Damit zielt ein holistisches Unterrichtsprozessverständnis auf Lernende als Gesamtpersönlichkeit, nicht als Funktionsträger. Diese ganzheitliche Sicht beinhaltet z. B., den Lernprozess offen zu halten für nicht von vornherein intendierte Lernziele oder das Rückbeziehen des Gelernten auf die Lernenden und auf mögliche gesellschaftliche Implikationen. Zugleich sollten Lehrende sich nach holistischem Verständnis als Mitlernende verstehen (vgl. Arnold et al. 1999, S. 41; Siebert 2015, S. 92).
- Bildungsprozesse sollen *aktivierend* sein, d. h. die Teilnehmenden sollten Lerninhalte durch eigenes, aktives Tun bearbeiten. Aktives Lernen ist motivierend und aus lernpsychologischer Perspektive (vgl. Siebert 2015, S. 91 ff.; Klippert 2002, S. 13 ff.) erfolgversprechender als passives Aufnehmen von Inhalten. Zudem fördert es die Autonomie der Lernenden und eröffnet hierüber Chancen für individuelle Lernwege.
- Bildungsprozesse sollten *nachfrageorientiert* sein, indem sie sich an den Lernbedürfnissen der Teilnehmenden orientieren. Dies verlangt im Besonderen die Einbeziehung der Verwendungssituationen für das zu Lernende in die Unterrichtsplanung und während des Bildungsprozesses prinzipielle Offenheit für

5.1 Veranstaltungsqualität

die Integration von Praxisproblemen in das Unterrichtskonzept. Nachfrage- bzw. Teilnehmerorientierung heißt darüber hinaus auch, dass eine Über- oder Unterforderung von Teilnehmenden nach Möglichkeit vermieden wird (vgl. Siebert 2006, S. 95 ff.).
- Bildungsprozesse sollten *neutral* verlaufen, sie sollten also nicht doktrinierend sein und eine einzelne Sicht, ein Verfahren, eine Maschine oder Ähnliches als das „Alleinseligmachende" preisen. Neutralität verlangt, das jeweils Vermittelte kritisch zu beleuchten und ggf. auf vorhandene alternative, abweichende oder widersprechende Meinungen zu verweisen, um differenzierte Bilder zu entwerfen und Teilnehmenden die Herausbildung eines eigenen Urteils zu ermöglichen (vgl. Hufer 2016, S. 89 f.).
- Bildungsprozesse sollten inhaltlich und methodisch *aktuell* sein. Aktualität schließt ein, dass Lerninhalte nicht veraltet oder überholt sind und die praktische Einübung von Fähigkeiten in möglichst praxisnahen Situationen erfolgt. Aktualität heißt in einem weiterführenden Verständnis auch, bei der Lernmethodik neuere Erkenntnisse über motivations- und lernerfolgssteigernde Verfahren zu berücksichtigen.

Mit diesen Kriterien liegen Anknüpfungspunkte für eine Metadiskussion über das Lernen, über die Lernziele, Lerninhalte und Lehrmethoden in der jeweiligen Veranstaltung vor. An diesen Punkten kann das Reflektieren des Bildungsprozesses ansetzen und in eine Verlaufssteuerung münden. Die oben skizzierte Matrix versteht sich dabei nicht als individuelles Vorgehen einzelner Lehrender, sondern als ein gemeinsamer Prozess: Lehrkräfte bzw. andere Verantwortliche der Einrichtung sind daran ebenso beteiligt wie die Teilnehmerinnen und Teilnehmer von Bildungsmaßnahmen selbst.

5.1.2 Didaktische Prinzipien nach Siebert

Didaktik hat zum Ziel, zwischen der Sachlogik des Inhalts bzw. des Themas einer Veranstaltung und der Psychologie der Teilnehmenden zu vermitteln (Siebert 2006, S. 2). Es geht bei didaktischen Anstrengungen darum, Lehr-Lern-Prozesse zu optimieren, um bei akzeptablen Rahmenbedingungen (z. B. Zeit, Geld, Stress) einen möglichst großen Lernerfolg zu erreichen. Didaktische Prinzipien können somit hilfreich bei der Beurteilung von Veranstaltungen sein. In seinem Buch „Didaktisches Handeln in der Erwachsenenbildung" benennt Siebert (2006, S. 95 ff.) insgesamt 16 didaktische Prinzipien, die über die o. g. HANNA-Kriterien hinausreichen:

- *Zielgruppenorientierung:* Element der didaktischen Planung, das die curriculare Ausgestaltung an den Bildungsvoraussetzungen und Bedürfnissen der Adressatinnen und Adressaten eines Bildungsangebotes ausrichtet.
- *Teilnehmerorientierung:* Berücksichtigung von Teilnehmerinteressen und Teilnehmervoraussetzungen im Unterrichtsgeschehen, z. B. durch Partizipation, Metadiskussion, prozessbegleitende Evaluierung.
- *Deutungsmusteransatz:* Orientierung des didaktischen Handelns an den Deutungsmustern der Lernenden, Ernstnehmen der individuellen Deutungsmuster, Ermunterung zur Reflexion.
- *Sprache:* Angemessenheit der Sprache von Lehrenden und Lernenden, Beachtung der Vieldeutigkeit von Sprache.
- *Perspektivenverschränkung:* Respektieren interindividueller Differenzen, Hineinversetzen in die Lage der/des anderen, Erörterung und Reflexion unterschiedlicher Standpunkte.
- *Lernzielorientierung:* Formulierung von klaren und präzisen Lernzielen, Begründung von Lernzielen, Verständigung über Lernziele.
- *Inhaltlichkeit:* (gesellschaftliche) Relevanz und Lebensdienlichkeit der im Unterricht behandelten Themen, Neuigkeitswert und individuelle Anschlussfähigkeit der Veranstaltungsinhalte.
- *Metakognition:* Reflexion und Erörterung des eigenen Erkennens und Beobachtens, Vertrauen in die Selbststeuerungskompetenz der Lernenden.
- *Integration allgemeiner, politischer und beruflicher Bildung:* ganzheitliche und komplexe Sicht der Dinge, Denken in Zusammenhängen.
- *Emotionalität:* Zulassen von Emotionalität, Nutzung von Emotionalität als Lernressource, Kenntnis und Berücksichtigung emotionaler Einflüsse auf den kognitiven Lernprozess.
- *Handlungsrelevanz:* Ausrichtung der Lernprozesse auf konkretes Handeln, Lernen durch Handeln, Erlebnisorientierung.
- *Ästhetisierung:* Betonung der ästhetischen Dimension, Schulung und Erweiterung der Wahrnehmungsfähigkeit.
- *Zeitlichkeit:* zeitliche Strukturierung von Lernen, Thematisierung von Zeitlichkeit, Schärfung des Zeitempfindens, Fähigkeit zur Muße und Entschleunigung.
- *Kontingenz:* Akzeptanz und Tolerieren von Zufälligem und Uneindeutigem, Lernen durch Irrtümer, Fehlertoleranz.
- *Humor:* Sensibilität für situative Komik, Entzauberung durch Lachen, Entkrampfung.
- *Selbststeuerung:* Aktivierung und Stärkung der individuellen Selbststeuerungspotenziale, Anleitung, Anregung und Ermutigung zu eigenen Lernaktivitäten.

5.1.3 Qualitätsverantwortung der Teilnehmenden

Wie in den meisten Dienstleistungsprozessen trägt auch in der Weiterbildung die „Kundin" bzw. der „Kunde" zum Gelingen bei: Die Teilnehmenden einer Weiterbildungsveranstaltung haben eine eigene Qualitätsverantwortung. Sie müssen selbst eine Reihe von Qualitätsanforderungen erfüllen, wenn die Bildungsprozesse die gewünschten bzw. geplanten Erfolge erbringen sollen. Dieser Aspekt wird bei der Qualitätsdiskussion meist übersehen oder vernachlässigt.

Ähnlich wie die anbieterbezogenen Qualitätskriterien sind auch die an die Teilnehmenden gerichteten Qualitätskriterien vielfältig. Es kann erwartet werden, dass die formal-organisatorischen Spielregeln eingehalten werden wie pünktliches Erscheinen im Unterricht, das Mitführen der benötigten Unterrichtsmaterialien (z. B. Lehrbuch), die Beachtung der Vertragsbedingungen (z. B. rechtzeitige Zahlung, rechtzeitige Rücksendung der Anmeldeunterlagen) und der Hausordnung.

Doch schon im Vorfeld der eigentlichen Teilnahme können Teilnehmende durch aktives Tun dazu beitragen, dass der Lernprozess bzw. Lernerfolg optimiert oder verbessert wird. So müssen Teilnehmende beispielsweise versuchen, Klarheit über die eigenen Lernziele und Lernvoraussetzungen zu gewinnen, um die richtige Veranstaltung auswählen zu können. Dies kann mitunter auch unter Hinzuziehung von Beraterinnen und Beratern geschehen oder durch die Teilnahme an Einstufungstests.

Beim eigentlichen Lernprozess kann von Teilnehmenden erwartet werden, dass sie sich einbringen, d. h. aktiv am Unterricht teilnehmen, eigene Erfahrungen und Lösungsvorschläge vortragen und sich auch an Metadiskussionen beteiligen. Zugleich sollte der Lernprozess der anderen Beteiligten nicht behindert, wenn möglich sogar gefördert und gestützt werden (z. B. durch gegenseitige Hilfe, konstruktives Eingehen auf Vorschläge anderer).

Neben diesen Anforderungen von außen können Teilnehmende ebenso Anforderungen an sich selbst stellen, die vermutlich das Lernerlebnis und den Lernerfolg vergrößern. Zu denken ist hier an Offenheit für Neues (für neue Eindrücke, Gedanken und Erkenntnisse), an die Bereitschaft, sich auf Gruppenprozesse einzulassen, an die Bereitschaft zu Toleranz gegenüber und Empathie für Mitlernende sowie zur Rückkopplung des Gelernten in alltags- und berufspraktische Zusammenhänge, zur kritischen Distanz und zur Perspektivenverschränkung von Lernthemen.

5.2 Einrichtungsqualität

Im Gegensatz zur Veranstaltungsqualität war die Einrichtungsqualität bisher kaum zentraler Gegenstand erziehungswissenschaftlicher Erörterungen. Erst durch Einflüsse aus der Ökonomie hat sich dies geändert und präsentiert sich nun in Gestalt einer neuen Qualitätsdiskussion. Bei Sichtung einschlägiger Literatur (vgl. z. B. Gnahs 1998; Feuchthofen und Severing 1995; v. Bardeleben et al. 1995; Hartz und Meisel 2011) der letzten Jahrzehnte lassen sich im Licht pädagogischer Sichtweisen im Wesentlichen vier Komplexe identifizieren, die als Segmente der Einrichtungsqualität aufgefasst werden können: 1) die Qualität des pädagogischen Personals einschließlich der Maßnahmen zur Mitarbeiterfortbildung, 2) die Adressatenorientierung einschließlich der Maßnahmenplanung und Beratung, 3) die Organisationsstrukturen und deren Regelungen zur Mitbestimmung sowie 4) Konzepte zur Evaluation (Gnahs 1998, S. 252 ff., S. 223 ff.).

Die *Qualität des pädagogischen Personals* in lehrender und disponierender Funktion ist mehrdimensional. Selbstverständlich wird bei Lehrkräften fachliche Kompetenz vorausgesetzt: Sie müssen über Kenntnisse und Fähigkeiten, über Informationspotenzial im Zusammenhang mit dem Unterrichtsgegenstand verfügen. Gleichermaßen werden pädagogische bzw. andragogische Kompetenzen erwartet, im Besonderen Kenntnisse über Methoden zur Vermittlung fachlicher Inhalte. Zu diesen pädagogischen Fähigkeiten gehören auch Fähigkeiten zur Motivation der Lernenden und zur Regulierung gruppendynamischer Prozesse. Schließlich sollten die Lehrkräfte über evaluative Kompetenzen verfügen, um die Lernprozesse begleitend auswerten zu können. Darüber hinaus wird erwartet, dass Lehrende Engagement zeigen und offen für Prozesse des Mitlernens sind, gleichsam ihre Persönlichkeit in den Lehr-Lern-Prozess einbringen.

Die Qualifikation des pädagogischen Personals wird als Schlüsselgröße im Weiterbildungsprozess angesehen. Vor diesem Hintergrund spielen auch Fragen der Mitarbeiterfortbildung eine zentrale Rolle. Sie wird für unabdingbar gehalten, um das vorhandene Qualifikationsspektrum zu erweitern bzw. zu aktualisieren, beispielsweise durch andragogische Zusatzqualifikationen nebenberuflich Kursleitender.

Ein weiteres wichtiges Element der Einrichtungsqualität ist die *Adressatenorientierung*. Schon im Vorfeld der eigentlichen Weiterbildungsveranstaltung sollte versucht werden, die Bildungsbedürfnisse der potenziellen Teilnehmenden zu ergründen, ihre Vorkenntnisse und Vorerfahrungen zu eruieren und die Verwendungssituationen für das zu Lernende zu klären. Angestrebt wird eine möglichst hohe Übereinstimmung von Bildungsbedürfnissen der Teilnehmenden und dem Veranstaltungsinhalt. Dies setzt im Regelfall voraus, dass seitens des Weiterbildungsanbieters auch Beratungskapazitäten vorgehalten werden. In besonderen

Kontexten wird die Beratungsleistung für spezielle Zielgruppen sogar an die Adressatinnen und Adressaten herangetragen (aufsuchende Bildungswerbung). Um die Qualität der Lehrkräfte entfalten und die Adressatenorientierung gewährleisten zu können, bedarf es geeigneter *Organisationsstrukturen*. Literaturgestützte Aussagen zu möglichen Formaten sind dabei wenig detail- und aufschlussreich. Hervorgehoben wird einerseits, dass Vorkehrungen zu treffen seien, um Bildungsbarrieren zu mildern oder gar aufzuheben. In einem zweiten Strang werden für die Teilnehmenden wie auch für die Beschäftigten der Weiterbildungseinrichtung Mitbestimmungsregelungen gefordert, etwa in Form von Hörerräten oder Mitarbeiterkonferenzen (Kalman 2012, S. 183 ff.; Daluege und Franz 2008, S. 28 f.; Gnahs und Kuwan 2004, S. 51 ff.).

Für die Einrichtungsqualität wird darüber hinaus als wichtig erachtet, dass Bildungsaktivitäten fortlaufend *evaluiert* werden. So sollten in den einzelnen Veranstaltungen bereits unterrichtsbegleitend evaluative Maßnahmen wie beispielsweise Feedback-Phasen einbezogen werden, um daraus umgehend Schlüsse und Konsequenzen für das laufende Lerngeschehen ziehen zu können. Darüber hinaus wird intendiert, auch Curricula der Veranstaltungen insgesamt sowie Unterrichtsmaterialien und Prüfungen zu evaluieren. So soll die Einrichtung sicherstellen, Schwachstellen zu erkennen bzw. beseitigen, die Curricula kontinuierlich den sich ändernden Bedarfssituationen anzupassen und die Lernarrangements so zu gestalten, dass sie für die Teilnehmenden motivierend und Lernerfolg steigernd wirken.

5.3 Systemqualität

Qualitätsfragen des Weiterbildungssystems sind im Hinblick auf systemische Gesichtspunkte vergleichsweise selten im Fokus der Betrachtung, etwa, wenn es um die Erfassung von Qualitätsaspekten bezogen auf ein Bundesland oder die Bundesrepublik insgesamt geht. Konkreter umrissen wird die Systemqualität von Weiterbildung im Zusammenhang mit den bildungspolitischen Aspekten der Curriculumtheorie. Danach muss ein (regionales) Weiterbildungsangebot systematisiert und differenziert sein. Die Maßgabe der Systematisierung beschreibt in diesem Kontext ein gestuftes Angebot, dessen Elemente aufeinander bezogen und zumindest zum Teil auch standardisiert sind. Schlagwortartig kann diese Systematisierung mit dem Begriff des „Baukastensystems" beschrieben werden (Tietgens et al. 1974). Differenzierter betrachtet umreißt es ein nach Zielgruppen, Anspruchsebenen und Verbindlichkeitsgraden gegliedertes Angebot.

Systemqualität wird ausgedrückt über Versorgungsgrade, im Besonderen über eine „flächendeckende Versorgung". Damit wird eine Mindestmenge von Unterrichtsstunden bezeichnet, die pro Kopf der erwachsenen Bevölkerung anzubieten bzw. durchzuführen ist. Eng damit verbunden sind Standards wie „Mindestangebot" und „gestufte Zentralisierung der Angebote". Das bedeutet, dass eine zu definierende Palette von Themen und Formaten auch in der Fläche vorzuhalten ist. Mit zunehmender Zentralität der Angebotsorte wird auch das Weiterbildungsangebot differenzierter.

Mit dem Anspruch, regional bestimmte Mengen und inhaltliche Strukturen anzubieten, ist der für die Bereitstellung der jeweiligen Weiterbildungsangebote nötige Ressourcenbedarf verknüpft. Somit sind in der Folge entsprechende Ausstattungsgrade für Personal, Räume und Finanzen festzulegen.

Um diese Standards erreichen zu können, ist ein planmäßiges Vorgehen erforderlich. Als angemessene Methode wurde in den 1970er-Jahren die Weiterbildungsentwicklungsplanung eingeführt (Hamacher 1976). Entsprechende Publikationen (z. B. Hamacher 1976) enthalten nicht nur Angaben zur Methodik des Planens, sondern auch Standards und Richtwerte, die als Planzahlen anzustreben sind (z. B. „anzubietende Unterrichtsstunden je 1.000 Einwohner"). Exemplarisch für diese Weiterbildungsentwicklungsplanung sind der Strukturplan Weiterbildung (1975) und das Gutachten der Kommunalen Gemeinschaftsstelle für Verwaltungsvereinfachung (KGSt; BMBW 1973).

Zur Überprüfung der Systemqualität sind statistische Verfahren einzusetzen. Erhoben werden z. B. die Anzahl Teilnehmender und Unterrichtsstunden sowie thematische Strukturen und Teilnehmerstrukturen. Auf dieser Basis werden z. B. Kennziffern errechnet, mit deren Hilfe im Anschluss entschieden werden kann, in welchem Maße die Planwerte erreicht wurden.

Die starke Betonung der Planbarkeit von Entwicklungen ist eine typische Erscheinungsform der 1970er-Jahre. Getragen von einer Welle der „Planungseuphorie" und des Gestaltungswillens sollten Strukturen und Prozesse in Erfüllung politischer Zielsetzungen verändert werden. Auch die behandelten Studien atmen diesen „Geist des Prometheus" (vgl. Siebert 1992) und strahlen Aufbruchsstimmung und Mut zur Erneuerung aus. Die damalige Diskussion war durch bildungspolitische Reformansätze geprägt und explizit auf Systemänderung gerichtet, auf Aspekte also, die heute einen eher geringen Stellenwert innehaben.

5.4 Zur Reflexion

- Wie hängen die drei Ebenen der Qualitätsbetrachtung zusammen?
- Was ist für Sie persönlich „gute Weiterbildung"?
- Welche Verbindungslinien zwischen Qualitäts- und Organisationsentwicklung sehen Sie?
- Wie bewerten Sie die nachfolgende Liste von Erfolgskriterien für Seminare?

5.5 Erfolgskriterien für Seminare (Gnahs 2005)

- Denken Sie daran, Ihr Seminar so präzise wie möglich zu beschreiben, und definieren Sie im Vorfeld konkrete Lernziele. Orientieren Sie sich an den Bedürfnissen der Teilnehmenden und versuchen Sie bereits im Voraus, durch entsprechende Beratung eine arbeitsfähige Gruppe zusammenzustellen. So vermeiden Sie, dass Teilnehmende sich über- oder unterfordert fühlen.
- Versuchen Sie, falls möglich, die Teilnehmenden vor dem Seminar zu versammeln, um ihre individuellen Lernbedürfnisse „abzuklopfen". Orientieren Sie sich dabei besonders an den Praxiserfahrungen und -anforderungen Ihrer Teilnehmenden.
- Achten Sie darauf, dass die Lerninhalte Ihres Seminars immer auf dem aktuellen Stand sind.
- In gleichem Maße wichtig ist die Bewahrung der Neutralität der Lehrenden gegenüber den Lernenden. Vermeiden Sie Belehrungen und Indoktrination.
- Sorgen Sie dafür, dass die äußeren Rahmenbedingungen stimmen und die Lernenden nicht durch Faktoren wie beispielsweise Lärm oder unbequeme Stühle gestört werden.
- Achten Sie darauf, dass Sie zwischen Methoden wie Gruppenarbeit, Selbstlernphasen und Teilnehmervorträgen wechseln. Lassen Sie den Aktivitäten und der Eigeninitiative der Lernenden immer genügend Raum.
- Im Seminarverlauf sollten Sie das Lernverhalten der Teilnehmenden beobachten. Individuelle Lernprobleme können bei Bedarf dann durch Beratungsaktivitäten aufgefangen werden.
- Ihre Sprache sollte stets klar und einfach sein. Seien Sie verständlich und orientieren Sie sich am Sprachniveau der Teilnehmenden. Arbeiten Sie visuell, indem Sie sich anschaulich ausdrücken und Ihre Argumentation durch optische Elemente unterstützen. Schweifen Sie nie ab und seien sie ruhig ein bisschen humorvoll.
- Sollte die Gruppendynamik einmal aus dem Gleis geraten und es zu Konflikten zwischen Teilnehmenden oder Ihnen und Teilnehmenden kommen, so müssen Sie den Sachverhalt klären. Dies hat Vorrang vor dem inhaltlichen Fortschritt, da unter einem ungelösten Konflikt der gesamte Lernerfolg Ihres Seminars zusammenbrechen kann.
- Holen Sie am Ende Ihres Seminars immer das Feedback der Teilnehmenden ein und überprüfen Sie so, ob die verabredeten Lernziele tatsächlich erreicht worden sind.

5.6 Literaturtipps

- Quilling, E., & Nicolini, H. J. (2009). *Erfolgreiche Seminargestaltung. Strategien und Methoden in der Erwachsenenbildung* (2. Erw. Aufl.). Wiesbaden: VS Verlag.

Literatur

Arnold, R., Krämer-Stürzl, A., & Siebert, H. (1999). *Dozentenleitfaden. Planung und Unterrichtsvorbereitung in Fortbildung und Erwachsenenbildung*. Berlin: Cornelsen.

Bardeleben, R. v., Gnahs, D., Krekel, E. M., &Seusing, B. (Hrsg.). (1995). *Weiterbildungsqualität. Konzepte, Instrumente, Kriterien* (Berichte zur beruflichen Bildung, Bd. 188). Bielefeld: Bertelsmann.

Daluege, C.-A., & Franz, H.-W. (2008). *IQM. Integriertes Qualitätsmanagement in der Aus- und Weiterbildung. Selbstbewertung für EFQM, DIN EN ISO 9001 und andere QM-Systeme*. Bielefeld: Bertelsmann.

Feuchthofen, J. E., Severing, E. (Hrsg.). (1995). *Qualitätsmanagement und Qualitätssicherung in der Weiterbildung* (Reihe „Grundlagen der Weiterbildung"). Neuwied: Luchterhand.

Gnahs, D. (1997). *Handbuch zur Qualität in der Weiterbildung. Stand, Perspektiven, Praxis* (Reihe: Berufliche Bildung & Weiterbildung, Bd. 2, 2. unveränd. Aufl.). Frankfurt: GEW (Erstveröffentlichung 1996).

Gnahs, D. (1998). *Vergleichende Analyse von Qualitätskonzepten in der Weiterbildung* (Reihe: Materialien des Instituts für Entwicklungsplanung und Strukturforschung, Bd. 164). Hannover: Institut für Entwicklungsplanung und Strukturforschung.

Gnahs, D. (2005). Klare Ziele und variable Methoden. *Das unabhängige Hochschulmagazin, 61*(2), 7.

Gnahs, D., & Kuwan, H. (2004). Qualitätsentwicklung in der Weiterbildung – Effekte, Erfolgsbedingungen und Barrieren. In C. Balli, E. M. Krekel, & E. Sauter (Hrsg.), *Qualitätsentwicklung in der Weiterbildung – Wo steht die Praxis?* (Reihe: Berichte zur beruflichen Bildung, Bd. 262, S. 41–59). Bielefeld: Bertelsmann.

Hamacher, P. (1976). *Entwicklungsplanung für Weiterbildung*. Braunschweig: Westermann.

Hartz, S., & Meisel, K. (2011). *Qualitätsmanagement* (3. aktual. u. überarb. Aufl.). Bielefeld: Bertelsmann.

Hufer, K.-P. (2016). *Politische Erwachsenenbildung. Plädoyer für eine vernachlässigte Disziplin*. Bielefeld: Bertelsmann.

Kalman, M. (2012). Qualitätsmanagement und Einflussfaktoren: Möglichkeiten und Grenzen der Steuerung. In A. Töpper (Hrsg.), *Qualität von Weiterbildungsmaßnahmen. Einflussfaktoren und Qualitätsmanagement im Spiegel empirischer Befunde* (S. 133–164). Bielefeld: Bertelsmann.

Klippert, H. (2002). *Methoden-Training. Übungsbausteine für den Unterricht* (12. unveränd. Aufl.). Weinheim: Beltz (letzte überarb. Aufl. erschienen 2000).

Siebert, H. (1992). *Bildung im Schatten der Postmoderne. Von Prometheus zu Sisyphos.* Frankfurt: VAS.
Siebert, H. (2006). *Didaktisches Handeln in der Erwachsenenbildung. Didaktik aus konstruktivistischer Sicht* (5. Überarb. Aufl.). Augsburg: Ziel.
Siebert, H. (2015). *Erwachsene. Lernfähig aber unbelehrbar? Was der Konstruktivismus für die politische Bildung leistet.* Schwalbach: Wochenschau.
Tietgens, H., Hirschmann, G., & Bianchi, M. (1974). *Ansätze zu einem Baukastensystem. Werkstattbericht über die Entwicklung des Zertifikatsprogramms der Volkshochschulen.* Braunschweig: Westermann.
Weiterbildung, Strukturplan. (1975). *Strukturplan für den Aufbau des öffentlichen Weiterbildungsystems in der Bundesrepublik Deutschland.* Köln: Arbeitskreis Strukturplan Weiterbildung.
BMBW – Bundesministerium für Bildung und Wissenschaft. (1973). *Öffentliche Bibliothek. Gutachten der Kommnalen Gemeinschaftsstelle für Verwaltungsvereinfachung (KGSt).* Bonn: BMBW https://bibliotheksportal.de/content/uploads/2017/10/KGSt_Gutachten_1973_OCR.pdf. Zugegriffen: 13. Sept. 2018.

Qualitätsmanagementkonzepte 6

Aktuell diskutierte Qualitätskonzepte lassen sich grob in zwei Gruppen einteilen: 1) von den Einrichtungen selbst entwickelte und umgesetzte Qualitätskonzepte, die also auf dem Prinzip der Selbstevaluation beruhen, 2) von Dritten konzipierte und eingesetzte Qualitätskonzepte, die also auf einer externen Evaluation/Fremdevaluation beruhen.

Dabei werden selbstevaluative Qualitätskonzepte sicherlich von den sonst am Markt befindlichen Qualitätskonzepten inhaltlich und methodisch beeinflusst: Einrichtungen benutzen sie als Impuls- und Ideengeber bei der Entwicklung ihrer „hausgemachten" Qualitätsstrategie. So tragen viele Hausstrategien deutlich den Stempel gängiger Konzepte wie der ISO oder des EFQM-Modells. Darüber werden zahlreiche Selbstevaluationsansätze methodisch und inhaltlich zusätzlich durch einen Einrichtungsverband gestützt.

Bei den fremdevaluativen Konzepten lassen sich drei Gruppen unterscheiden:

- Qualitätsverbünde wie das Hamburger Modell, Weiterbildung Hessen, Gütesiegelverbund Weiterbildung oder der Wuppertaler Kreis,
- Wettbewerbe wie Malcolm Baldrige National Quality Award, European Quality Award oder Ludwig-Erhard-Preis,
- Zertifizierungsansätze wie ISO 9000 oder das LQW-Modell.

Aus der Vielzahl der zurzeit erörterten Qualitätskonzepte ragen zwei heraus, weil sie von einem großen Teil der Einrichtungen als Orientierungslinie oder sogar als handlungsleitende Vorgabe akzeptiert werden: die Normenreihe DIN EN ISO 9000 und das EFQM-Modell.

In den letzten Jahren sind neben den zwei genannten Konzepten und verschiedenen Projekten, die auf die Übertragung der ISO und des EFQM-Modells auf den Weiterbildungsbereich ausgerichtet waren, weitere Ansätze entwickelt und modellhaft erprobt worden (vgl. die knappe Übersicht in Stiftung Warentest 2008). Hier sind besonders zwei Ansätze zu benennen: die Weiterbildungstests der Stiftung Warentest und die „Lernerorientierte Qualitätstestierung" (LQW). Darüber hinaus wurde durch die sogenannte „Hartz-Diskussion" vor 15 Jahren ein neuer Impuls für die durch die Arbeitsagenturen geförderte Weiterbildung gesetzt.

6.1 DIN EN ISO 9000 ff.

6.1.1 Entstehung und Weiterentwicklung der ISO 9000

Ausgangspunkt für die verstärkten Bemühungen der Industrie zur Verbesserung der Qualitätssicherung sind vor allem ein verschärfter internationaler Wettbewerb, eine damit verbundene stärkere Kundenorientierung und veränderte rechtliche Bestimmungen bei der Hersteller- bzw. Produkthaftung. Diese geänderten Rahmenbedingungen fungierten als Katalysator für nationale und branchenbezogene Bemühungen zur Normierung der Qualitätssicherung. Vor allem industrielle Großbetriebe fordern seither von ihren Zulieferern Qualitätssicherungsnachweise (Zollondz 2011, S. 46 f.).

Ende der 1970er-Jahre beauftragte die „International Organization for Standardization" (ISO) auf Initiative des Deutschen Instituts für Normung (DIN) das Technische Komitee TC 176 mit der Vereinheitlichung der damals bereits existierenden nationalen Vorgaben und Branchennormen über Qualitätssicherungssysteme. Das Ergebnis dieser Arbeit ist der Normenkomplex ISO 9000 ff., der schnell internationale Akzeptanz fand. Keine internationale Norm fand je binnen so kurzer Zeit eine so breite Anwendung.

Die Normenreihe DIN EN ISO 9000 ff. drückte der Qualitätsdiskussion lange Zeit ihren Stempel auf, und sie war Ausgangspunkt und Anlass vieler Kontroversen und Missverständnisse. Inzwischen sind tausende von Betrieben nach der ISO-Norm zertifiziert, und zahlreiche weitere stehen kurz vor der Zertifizierung; weltweit betrachtet dürften sich wohl mehr als eine Million Organisationen aller Art nach ISO 9000 ff. zertifiziert nennen (Zollondz 2011, S. 321). Hinzu kommt vermutlich eine Vielzahl weiterer Unternehmen, die sich im Rahmen ihrer Qualitätspolitik intensiv mit der ISO-Norm auseinandergesetzt haben (Wunder 2000). Damit dürfte die ISO 9000 heute das am weitesten verbreitete Qualitätskonzept überhaupt sein (zum Überblick Stenkamp 2009; Zollondz 2011, S. 309 ff.; Hartz und Meisel 2011, S. 62 ff.).

Die ISO-Norm wurde vom DIN als DIN ISO 9000 ff. sowie vom EG-Rat als Europa-Norm EN 29000 ff. übernommen; inzwischen firmiert sie in Deutschland unter der Bezeichnung DIN EN ISO 9000 ff. Aufgrund ihrer Universalität und

Anwendungsbreite hat diese Normenreihe auch über den industriellen Bereich hinaus Bedeutung erlangt – und so erfasste die ISO-Diskussion über die allgemeine Anwendung im Dienstleistungsbereich auch den Sektor der Weiterbildung. Hier löste sie eine heftige Qualitätsdebatte aus, die schnell polarisierte: Während die eine Position sich vehement für die Anwendung der Normenreihe in der Weiterbildung ausspricht, weil nur so die Wettbewerbsfähigkeit erhalten werden könne, zweifelt das andere Lager, ob das für die Industrie konzipierte Verfahren auf die Weiterbildung übertragbar sei, und fordert stattdessen eigene, weiterbildungsspezifische Qualitätssicherungsverfahren (Faulstich et al. 2003, S. 7 ff.).

Durch die Gründung einer speziellen Zertifizierungsgesellschaft für die berufliche Bildung (CERTQUA) sowie durch die Spitzenverbände der deutschen Wirtschaft (Bundesvereinigung der Arbeitgeberverbände, Deutscher Industrie- und Handelstag, Zentralverband des Deutschen Handwerks) erhielt die Debatte zusätzlich einen ordnungspolitischen Akzent. Es steht die Frage im Raum, inwieweit mit einer privatrechtlichen Zertifizierung von Bildungseinrichtungen in originäre Zuständigkeiten des Staates eingegriffen und der Möglichkeit von Wettbewerbsverzerrungen Vorschub geleistet werde.

Der Normenkomplex ISO 9000 ff. wurde seit seinem Bestehen immer wieder aktualisiert und überarbeitet, wodurch er zusätzlich an Stringenz und Praxisrelevanz gewann. Die jüngste Aktualisierung im Jahr 2015 brachte deutliche strukturelle und inhaltliche Änderungen mit sich – so wird beispielsweise das Qualitätsmanagement stärker bei der strategischen Ausrichtung des Unternehmens berücksichtigt und der Umgang mit Chancen und Risiken systematisch einbezogen (CERTQUA 2015; Hendricks 2014).

6.1.2 Grundkonzeption

Die Normenreihe ISO 9000 ff. regelt, wie ein innerbetriebliches Qualitätsmanagementsystem grundsätzlich zu gestalten ist. So werden z. B. die Grundzüge der Aufbau- und Ablauforganisation bezüglich Qualitätsplanung, -lenkung, -sicherung und -dokumentation festgelegt. Als zentrale Elemente eines Qualitätsmanagementsystems werden das Vorhalten eines Qualitätsmanagementhandbuchs, Verfahrensanweisungen, Audits und Berichte vorgeschrieben. Hervorzuheben ist, dass die Normenreihe ISO 9000 ff. nicht im Detail festlegt, wie der jeweilige Betrieb sein Qualitätssicherungssystem zu gestalten hat – im Rahmen der vorgegebenen Grundstrukturen bleibt genügend Spielraum, die spezifischen betrieblichen Abläufe und Belange zu berücksichtigen. Vorläufig zu bilanzieren ist jedoch, dass die Einhaltung der ISO-Norm die Qualitätsfähigkeit eines Unternehmens oder Betriebes zwar durchaus erhöht, allerdings nicht zwingend eine hohe Qualität der produzierten Güter oder Dienstleistungen mit sich bringt: Ein normgerechtes Qualitätsmanagementsystem ist im Prinzip durchaus kompatibel mit der Herstellung minderwertiger oder unterdurchschnittlicher Ware. Mit Blick auf die Zertifizierung von Bildungseinrichtungen sind vor allem sieben Normen relevant (Tab. 6.1).

Bei der Qualitätspolitik nach ISO 9000 steht die Kundenzufriedenheit als zentrale Zielsetzung im Mittelpunkt. Um dieses Ziel zu erreichen, werden sieben Schlüsselaspekte hervorgehoben (ISO 9000:2005; Zollondz 2011, S. 318):

- Kundenorientierung,
- Verantwortung der Führung,
- Einbezug aller Mitarbeitenden,
- Prozessorientierung und systemorientierter Managementansatz,
- kontinuierliche Verbesserung,
- Datenbasierung/Evidenzbasierung,
- Lieferantenbeziehungen zum gegenseitigen Nutzen.

Übertragen auf die Weiterbildung muss auch die Einrichtungsleitung eines Trägers explizit eine Qualitätspolitik definieren. Dazu gehören im Rahmen der Weiterbildung folgerichtig

Tab. 6.1 Normen für die Zertifizierung von Bildungseinrichtungen

ISO-Provenienz	Norm(en)
ISO 9000:2005	Grundlagen und Begriffe
ISO 9001:2015	Forderungen an ein Qualitätsmanagementsystem (Nachweisnorm)
ISO 9004:2009	Leitfaden zur Leistungsverbesserung
ISO 19011:2011	Leitfaden zur Auditierung von Managementsystemen
ISO 29990:2010	Lerndienstleistungen für die Aus- und Weiterbildung grundlegende Anforderungen an Dienstleister
ISO 29993:2017	Lerndienstleistungen für die nichtschulische Aus- und Weiterbildung Dienstleistungsanforderungen
ISO 21001:2018	Bildungsorganisationen Managementsysteme für Bildungsorganisationen Anforderungen mit Anleitung zur Anwendung

- die Auswahl von Qualitätskriterien (z. B. „Prüfungserfolg"),
- die Festlegung von Qualitätszielen (z. B. „Durchfallquote unter 10 %"),
- die Fixierung von qualitätssichernden Verfahren (z. B. „spezielle Prüfungsvorbereitung"),
- die Einführung von Qualitätskompetenzen und Verantwortlichkeiten (z. B. die Ernennung einer/eines Qualitätsbeauftragten).

Als zentrale Aufgabe der Einrichtungsleitung wird angesehen, bei allen Mitarbeitenden eine „Verpflichtung zur Qualität" sowie die Motivation zur ständigen Qualitätsverbesserung zu schaffen. Die ISO 9000 sieht im Personal eine Schlüsselgröße für die Qualitätssicherung. Zur Personalpolitik sind daher fachliche und Qualität stützende Schulungen sowie Leistungsbewertung der Mitarbeitenden vorgesehen. Wichtige Elemente des Qualitätssicherungssystems sind darüber hinaus umfangreiche Dokumentationspflichten, vor allem das QM-Handbuch, Verfahrensanweisungen und Qualitätsaufzeichnungen. Die Anforderungen an die Qualitätssicherung gelten allerdings nicht nur für die Durchführung der Leistungsprozesse, sondern auch für die Bedarfsanalyse und Konzeptionierung sowie bezüglich der Werbung und Information.

6.1.3 Ablauf der Zertifizierung

Ein konkretes betriebliches Qualitätsmanagementsystem kann nach Ausgestaltung nunmehr auf Übereinstimmung mit dem Normenkomplex DIN EN ISO 9000 ff. geprüft werden. Dies erfolgt als eine Untersuchung in Gestalt einer Auditierung (in etwa „Anhörung"). Demnach ist Prüfgegenstand nicht die Qualität des einzelnen Produktes oder der Herstellungsweise, sondern des Systems bzw. des Verfahrens zur Sicherung der Qualität an sich. Vor dem Zertifizierungstermin führt das Unternehmen durch entsprechende Maßnahmen ein normkonformes Qualitätsmanagementsystem ein, erstellt ein Qualitätsmanagementhandbuch, etabliert die Verfahren und Methoden und schult seine Mitarbeitenden entsprechend. Erst wenn diese Rahmenbedingungen erfüllt sind, die Organisation sich also insgesamt auf die Qualitätsmanagementprozesse eingestimmt hat und die Verfahren sicher angewandt werden, stellt sich das Unternehmen der Zertifizierungsagentur.

Auditorinnen bzw. Auditoren überprüfen daraufhin als Sachverständige die Organisation, die Abläufe und die Führungselemente. Abschließend erstellen sie einen Bericht über erkannte Schwachstellen und schlagen unter Umständen geeignete Maßnahmen zur Verbesserung der Situation vor. Werden keine oder nur geringe Mängel festgestellt, wird ein drei Jahre gültiges Zertifikat ausgestellt.

Jährlich wird durch die Zertifizierungsagentur eine Nachauditierung durchgeführt. Die Zertifizierenden selbst müssen ihre Kompetenz für die Tätigkeit als Sachverständige in Zertifizierungsprozessen nachweisen und sich formell akkreditieren. Dies geschieht nach einer entsprechenden Überprüfung durch den Deutschen Akkreditierungsrat, dem neben den Industrieverbänden das Bundeswirtschafts- und das Bundesarbeitsministerium angehören. Zurzeit sind in Deutschland mehrere Dutzend Zertifizierungsgesellschaften tätig. Jede zertifizierungswillige Einrichtung kann aus diesem Kreis frei auswählen, wer mit der Zertifizierung beauftragt wird.

6.1.4 ISO für Bildungseinrichtungen

Seit 2010 existiert mit der Norm DIN ISO 29990 eine spezifische Weiterentwicklung für Bildungseinrichtungen, die eine eigenständige Zertifizierung, aber auch eine Verknüpfung mit der üblichen Norm DIN EN ISO 9001 erlaubt (Rau et al. 2014). Diese neue Nachweisnorm ähnelt in der Grundstruktur und im Vorgehen bei der Zertifizierung der Ursprungsnorm, integriert aber die im Bildungswesen üblichen Begrifflichkeiten und Abläufe. So werden z. B. folgende Anforderungen gestellt:

- Ausrichtung von Lerninhalten am Bedarf der Zielgruppe,
- zielgruppenspezifische Planung,
- Ausrichtung von Lerninhalt und Lernprozess am Lernergebnis,
- Eignung der vorgesehenen Lehrmethoden und -materialien.

Die Grundstruktur der ISO 29990 stellt sich als ein Qualitätskreislauf dar (Abb. 6.1).

Die Zertifizierung nach DIN ISO 29990 wird von den Zertifizierungsstellen wie CERTQUA oder DGQ angeboten.

Die in der ISO 29990 benannten Lerndienstleistungen werden seit 2017 mit der ISO 29993:2017 spezifiziert. Damit wird ein Standard gesetzt, der sich prinzipiell auch zertifizieren ließe. Es handelt sich dabei allerdings nicht um ein QM-System mit Einrichtungsbezug. Die aktuelle Norm ISO 21001:2018 hingegen bezieht sich auf das Managementsystem von Bildungseinrichtungen und könnte von daher mittelfristig die ISO 29990 ablösen oder mindestens in Konkurrenz zu ihr treten.

Die Praxis der veranstaltungsbezogenen Zertifizierung ist durchaus üblich. So wird bei Fernunterrichts- bzw. E-Learning-Angeboten in Deutschland eine vorab

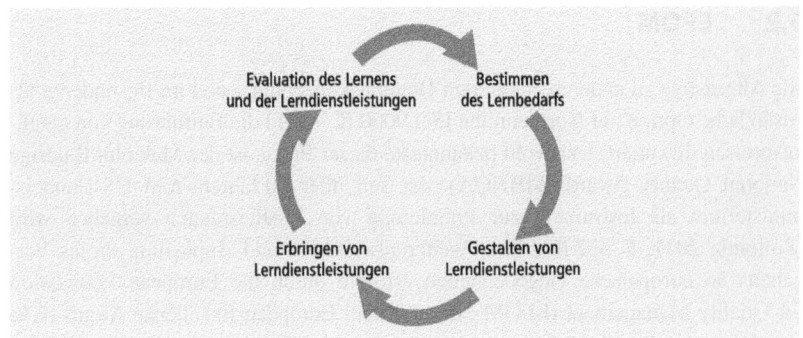

Abb. 6.1 Qualitätskreislauf für Lerndienstleistungen. (Eigene Darstellung)

erfolgende Prüfung und Zulassung notwendig (vgl. Fernunterrichtsschutzgesetz FernUSG). Auch im Rahmen der von Arbeitsverwaltung geförderten Maßnahmen sind Maßnahmenzulassungen üblich (§§ 3 und 4 AZAV). Eine derartige Überprüfung ist inputorientiert und bezieht sich im Regelfall auf standardisierbare und längere Maßnahmen.

Eine Maßnahmenzertifizierung ist eigentlich nur sinnvoll, wenn Inhalte, Lehrmethoden und Lehrmittel, der Ablauf und die Evaluationsschritte nach einem festen Schema ablaufen. Dies trifft auf einen Teil von Maßnahmen z. B. der beruflichen Bildung zu, nicht jedoch auf alle. Prägend und qualitätsbestimmend sind bei vielen Maßnahmen gerade das Überraschende, Unvorhersehbare, das durch Teilnehmende Initiierte (z. B. in der kulturellen oder politischen Bildung).

Zusätzlich ist zu beachten, dass die didaktische Gestaltung von Veranstaltungen das Kerngeschäft der pädagogisch Verantwortlichen betreffen. Eine externe Zertifizierung würde somit auch ein Stück Deprofessionalisierung bedeuten.

Letztlich ist davon auszugehen, dass es sich beim Vorantreiben von immer mehr und neuen Zertifizierungen auch um ein Geschäftsmodell handelt. Die Zertifizierenden haben ein materielles Interesse daran, neben der Einrichtungsauch die Veranstaltungszertifizierung als Massengeschäft zu etablieren. Gelänge dies, würden Ressourcen und Verantwortlichkeiten verlagert. Ob dieser Prozess die Qualität der Weiterbildung insgesamt erhöht, bleibt mehr als fragwürdig. Es wäre ein Schritt in die falsche Richtung, wenn immer mehr Dokumentation, Standardisierung und Ökonomisierung die Werte und Ziele – wie pädagogisches Denken, fachlichen Diskurs und Eigensinn der Erwachsenenbildung – zugunsten eines Zertifizierungsgeschäfts verdrängen.

6.2 EFQM

Als Alternative zu anderen etablierten Qualitätskonzepten – und im Besonderen als zusätzliche Option zur Normenreihe ISO 9000 ff. – wird die Einführung von Qualitätspreisen diskutiert. Der wohl bekannteste dieser Preise ist der Malcolm Baldrige National Quality Award (MBNQA), der seit über 30 Jahren vom US-Handelsministerium als Instrument zur Prämierung von Bestleistungen vergeben wird (Zollondz 2011, S. 332 ff.). Eine Weiterentwicklung und Anpassung dieses Vorgehens an europäische Gegebenheiten erfolgte durch die European Foundation for Quality Management (EFQM), die mit dem European Excellence Award (EA) einen europäischen Qualitätspreis kreierte (ehemals „European Quality Award").

Der EA gehört zu den Total-Quality-Management-Ansätzen, deren Qualitätsverständnis das ganze Unternehmen respektive die gesamte Einrichtung umfasst. Zentrale Zielsetzung der Bemühungen ist die Bestleistung bzw. die Marktführerschaft, zumindest aber ein Spitzenplatz („business excellence"). Eine auf Indikatoren und Kennziffern gestützte Selbstdiagnose („self assessment") und der Vergleich mit anderen Unternehmen („benchmarking") sind Schlüsselelemente des Verfahrens (Zollondz 2011, S. 343 ff.; Hartz und Meisel 2011, S. 68–72; EFQM 2018). Neben der Wettbewerbsteilnahme selbst besteht auch die Möglichkeit, dass Einrichtungen sich nach dem EFQM-Modell zertifizieren lassen.

6.2.1 Konzeption

Das EFQM-Modell (www.efqm.org) bezieht neun Bereiche in die Analyse ein, die detailliert untersucht und bewertet werden. Es handelt sich bei diesen Bereichen um:

- *Führung* (z. B. Effizienz des Führungssystems, Partizipations- und Kooperationsregelungen, Führungsstil, Selbstreflexion der Leitungskräfte, Engagement der Leitung in Qualitätsfragen),
- *Mitarbeiterinnen und Mitarbeiter* (z. B. Personalplanung, Personalentwicklung, Motivation, Kommunikationsstrukturen zwischen den Mitarbeitenden, Anreize für Verbesserungsvorschläge),
- *Strategie* (z. B. Ausrichtung der Strategie am Leitbild, Vermittlung des Leitbildes, Datenerhebung und Datenauswertung, Durchführung von Stärken-Schwächen-Analysen, Veränderungsmanagement),

6.2 EFQM

- *Partnerschaften und Ressourcen* (z. B. Finanzplanung, Gewinnung von Finanzmitteln, Informationsmanagement, technische Ausstattung, Räumlichkeiten, Umweltschutz),
- *Prozesse, Produkte und Dienstleistungen* (z. B. Beschreibung und Regelung der Kernprozesse, Definition von Zuständigkeiten für Arbeitsabläufe, Lösung von Schnittstellenproblemen, Orientierung an Kundenerwartungen, Festlegung und Überprüfung von Qualitätsstandards, Identifizierung von Verbesserungsbereichen),
- *kundenbezogene Ergebnisse* (z. B. Überprüfung der Kundenzufriedenheit, Kundentreue, Abbruchquote, Referenzen, Auswertung von Beschwerden, Kundenbarometer, Image),
- *mitarbeiterbezogene Ergebnisse* (z. B. Arbeitszufriedenheit, Fluktuationsrate, Auswertung von Mitarbeiterbeschwerden, Aufstiegschancen, Effektivität des Vorschlagswesens, Beschäftigungsbedingungen),
- *gesellschaftsbezogene Ergebnisse* (z. B. Engagement in sozialen und politischen Fragen, Öffentlichkeitsarbeit, Kinderbetreuung, Verwendung umweltschonender Stoffe und Materialien, Maßnahmen zur Reduzierung des Verkehrsaufkommens),
- *Geschäftsergebnisse* (z. B. Einnahmen-Ausgaben-Rechnung, Kostendeckungsgrad, Teilnehmerzahlen, Unterrichtsvolumen, Marktanteil, Leistungs- und Strukturvergleiche mit anderen Einrichtungen).

Beim EFQM-Modell werden Befähiger- und Ergebnis-Elemente unterschieden, die jeweils mit einem bestimmten Gewichtungsfaktor in das Gesamtergebnis einfließen. So können z. B. für das Element „kundenbezogene Ergebnisse" maximal 150 von 1000 insgesamt möglichen Punkten erworben werden. Die Voraussetzungen (Befähiger) und die Ergebnisse werden zu je 50 % zum Endergebnis summiert (Übersicht 2).

Übersicht 2: EFQM-Modell
Befähiger:

- Führung
- Mitarbeitende
- Strategie
- Partnerschaften/Ressourcen
- Prozesse/Produkte

Ergebnisse:

- kundenbezogen
- mitarbeiterbezogen
- gesellschaftsbezogen
- Geschäftsergebnisse

Die Vorgehensweise im Rahmen des EFQM-Modells folgt der sogenannten RADAR-Logik, die ähnlich angelegt ist wie der schon vorgestellte Qualitätskreislauf: Nach dem Festlegen der Ziele werden zielführende Maßnahmen entwickelt und umgesetzt sowie deren Zielerreichungsgrad überprüft. Auf Basis dieser Evaluationsergebnisse werden ggf. Ziele neu definiert und/oder Verbesserungsmaßnahmen eingeleitet, und der Zyklus beginnt von vorn (vgl. Abb. 6.2; EFQM 2018, S. 6).

6.2.2 Strukturen und Abläufe

Die Wettbewerbsteilnahme einer Organisation beginnt im Kontext des EFQM-Konzepts gewöhnlich damit, dass die betreffende Einrichtung bzw. das jeweilige Unternehmen die o. g. neun Elemente des Modells (Übersicht 2) für die eigene Organisation konkretisiert und spezifiziert. Die Besonderheiten der Branche, der

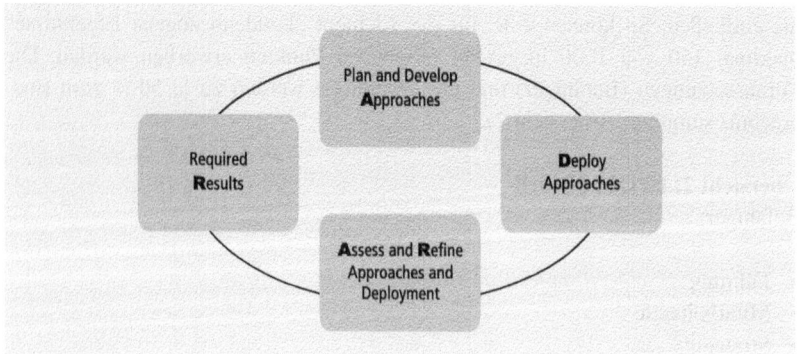

Abb. 6.2 Die RADAR-Logik. (Eigene Darstellung auf der Basis von EFQM, siehe www.efqm.org)

Produkte und Dienstleistungen müssen bei dieser Spezifikation Eingang finden. Im Anschluss daran werden geeignete Indikatoren ausgewählt und Messkonzepte entwickelt, um überhaupt überprüfen zu können, ob bzw. in welchem Ausmaß die definierten Anforderungen erfüllt sind. Im nächsten Schritt erfolgen die Messung und die Bewertung der Ergebnisse durch speziell ausgebildete Assessoren. Die bei diesem Bewertungsprozess gewonnenen Erkenntnisse werden in Veränderungsprozesse umgesetzt, um das betroffene Unternehmen an Spitzenleistungen heranzuführen. Schließlich kann das Unternehmen die Selbstbewertungsunterlagen bei der EFQM einreichen und so am Wettbewerb teilnehmen – dieser Schritt ist freiwillig und muss nicht zwingend erfolgen. Wird er vollzogen, schließt die Teilnahme eine Prüfung der Unterlagen und Ausformulierung einer Stellungnahme durch eine externe Jury ein.

Für die meisten Unternehmen ist die Teilnahme am Wettbewerb zu arbeitsintensiv und damit zu hochschwellig, weil die Erfolgsaussichten im Vergleich zum Aufwand zu gering sind. Dennoch erlaubt die Orientierung an den Wettbewerbsbedingungen interessierten Organisationen eine recht genaue Analyse ihrer derzeitigen Position und damit zugleich auch eine Fixierung des jeweiligen Änderungsbedarfs.

Unterhalb der Wettbewerbsteilnahme und oberhalb der Selbstbewertung können sich Einrichtungen und Betriebe durch die EFQM auch extern validieren lassen. Die Auszeichnung „Committed to Excellence" verlangt die Priorisierung von Verbesserungspotenzialen und drei erfolgreich umgesetzte Verbesserungsprojekte. Die nächste Auszeichnung, „Recognized for Excellence", wird nach einer umfangreichen Selbstbewertung und externer Validierung erreicht. Dabei werden drei Stufen entsprechend der erreichten Punktzahl unterschieden: 300 bis 400, 401 bis 500 und mehr als 500 Punkte.

Mit den beschriebenen Auszeichnungen erfüllt das EFQM-Modell neben der Anregung zur Selbstbewertung und der Wettbewerbsidee auch noch die Funktion eines fremdevaluativen QM-Konzepts. Es wird zyklisch überprüft und weiterentwickelt, aktuell ist die Version von 2013 gültig.

6.3 LQW

6.3.1 Genese und Grundkonzept

Im Rahmen eines Modellversuchs der Bund-Länder-Kommission wurde in Deutschland in den Jahren 2000 bis 2003 ein Verfahren entwickelt, das speziell auf die Bedürfnisse von Bildungseinrichtungen zugeschnitten ist (Zech 2004,

2006). Diese „Lernerorientierte Qualitätstestierung in Weiterbildungsnetzwerken (LQW)" wird fortlaufend ergänzt und erweitert; derzeit ist die dritte Modellversion in Anwendung (Zech 2017). Der aktuelle Stand ist auf den Internetseiten von ArtSet (http://www.qualitaets-portal.de/leitfaeden-fuer-die-praxis/) und con!flex (http://www.conflex-qualitaet.de/leitfaden-bestellung.html) abrufbar.

Zentrale Leitgedanken des Modells und die damit verbundene Qualitätsphilosophie werden in einer jüngst erschienen Publikation verdeutlicht. Die Autoren fordern u. a., dass Qualitätsentwicklung im Bereich der personenbezogenen Dienstleistungen die ethische Dimension von Arbeit thematisiert, und sie distanzieren sich damit von einer eher auf technische Abläufe fokussierten, allerdings nach wie vor aktuellen Qualitätsdiskussion. In Abgrenzung zu letztgenanntem Fokus wird Qualität hier stärker als gutes Gelingen einer sinnerfüllten Praxis herausgearbeitet (Zech und Dehn 2017).

Nach dem Modell der LQW werden die Beschäftigten einer Einrichtung Promotoren ihrer eigenen Qualitätsentwicklung, wobei das Ergebnis durch die externe Testierung ausgewiesen und bestätigt wird. Das LQW-Konzept basiert auf elf obligatorischen Qualitätsbereichen, die von den Einrichtungen durch optionale Qualitätsbereiche (z. B. Nachhaltigkeit, Inklusion, Marketing) ergänzt werden können:

- Leitbild und Definition gelungenen Lernens,
- Bedarfserschließung,
- Schlüsselprozesse,
- Lehr-Lern-Prozesse,
- Evaluation der Bildungsprozesse,
- Infrastruktur,
- Führung,
- Personal,
- Controlling,
- Kundenkommunikation,
- strategische Entwicklungsziele,
- ggf. zusätzliche Qualitätsbereiche.

Diese Bereiche werden jeweils in einer eigenen Arbeitshilfe (Zech 2017, S. 54 ff.) beschrieben, die zudem Mindestanforderungen formuliert, Nachweismöglichkeiten aufführt und den Grad der Erfüllung dokumentiert. Die einzelne Einrichtung verfügt im Rahmen der Mindestanforderungen über einen Gestaltungsspielraum, um eigene Qualitätsmaßstäbe setzen zu können.

Die externe Begutachtung erfolgt jeweils durch zwei speziell ausgebildete und unabhängige Gutachterinnen bzw. Gutachter auf der Grundlage der elf obligatorischen Qualitätsbereiche und ihrer Mindestanforderungen sowie der optional durch den Träger definierten weiteren Qualitätssegmente.

Basis für die Evaluation ist ein Selbstreport der Einrichtungen, dem sich die Vereinbarung strategischer Entwicklungsziele für die nächste Qualitätsentwicklungsperiode anschließt. Nach Abschluss des Verfahrens erhalten die Einrichtungen ein Logo und eine künstlerisch gestaltete Keramikfliese, die eine erfolgreiche Teilnahme dokumentieren und Marketingaktivitäten unterstützen sollen.

Das vorgelegte Modell ist nach Einschätzung der Initiatoren in seinen Grundstrukturen kein Prüfverfahren, sondern ein Organisationsentwicklungsmodell. Es soll u. a. dazu beitragen, Weiterbildungseinrichtungen auf ihrem Weg zu lernenden Organisationen zu fördern, Entwicklungspotenziale und Chancen zu erkennen und die pädagogische Professionalität zu stärken (Zech 2017, S. 11).

6.3.2 Grundstrukturen und Abläufe

Ausgangspunkte des Modells sind die Leitbilddefinition und die Definition gelungenen Lernens. Ein Leitbild ist die vereinbarte Selbstbeschreibung einer Organisation, die das Handeln der Organisation und ihrer Mitglieder steuert. Das Leitbild muss von außen erkennbar und von innen erlebbar sein. Damit dies gelingt, muss es konkret formuliert, relevant und nachvollziehbar sein.

Die Definition gelungenen Lernens sagt etwas darüber aus, wie Kenntnisse, Fähigkeiten und Einstellungen erworben und nachhaltig verankert werden können und wie die Erfüllung dieser Vorgaben nachgewiesen werden kann. Die Frage nach dem „Wie" zielt ebenfalls darauf, wie die Weiterbildungseinrichtung Lernprozesse anregt, unterstützt und optimiert (Gestaltung des Lern-Lehr-Arrangements).

Das LQW-Modell nimmt etablierte Gestaltungselemente der universellen Konzepte (ISO, EFQM) zum Teil auf, eröffnet darüber hinaus allerdings auch neue Optionen, wie die folgende Liste zentraler Merkmale signalisiert:

- Es setzt Qualitätsstandards in Form von Mindestanforderungen.
- Es schafft Vergleichbarkeit.
- Es eröffnet einrichtungsspezifische Gestaltungsoptionen.
- Es besitzt ein hohes Maß an Flexibilität.
- Es ist entwicklungsorientiert angelegt.
- Es bietet eine externe Zertifizierung.
- Es eröffnet die Möglichkeit zur Vernetzung.

Die Zertifizierung erfolgt im Regelfall nach dem prototypischen Ablauf, der sich über die folgenden Phasen und Etappen erstreckt:

- Einführungsworkshop,
- interne Evaluation und Leitbilderstellung,
- Maßnahmenplanung und -durchführung,
- Erstellen des Selbstreports,
- ggf. Einbeziehung externer Beratung,
- Abgabe des Selbstreports,
- Gutachten durch externe(n) Sachverständige(n),
- Visitation,
- Visitationsprotokoll und ggf. Erteilung von Auflagen,
- Abschlussworkshop mit Festlegung und Erörterung der strategischen Entwicklungsziele,
- Vergabe des Testats,
- Retestierung nach vier Jahren.

6.3.3 LQW für Kleinstorganisationen

Um den besonderen Bedingungen von kleinen Weiterbildungseinrichtungen (höchstens zwei Vollzeitstellen auf maximal drei Personen aufgeteilt) Rechnung zu tragen, hat ArtSet 2009 eine LQW-Version für Kleinstorganisationen auf den Markt gebracht (ArtSet 2009), die heute unter der Bezeichnung „LQW kompakt" firmiert. Sie behält die Grundstrukturen des Ursprungsmodells bei, die Anforderungen sind jedoch inhaltlich wie auch umfänglich an die Bedingungen von Kleinstorganisationen angepasst. So wird der Ablauf vereinfacht und die Zahl der bei den einzelnen Qualitätsbereichen zu erfüllenden Anforderungen reduziert (vgl. auch ArtSet 2017).

Im Besonderen wurden hierzu auch die Erstellung des Selbstreports und die Begutachtung gestrafft durch Bereitstellung einer standardisierten Vorlage (Arbeitshilfe), auf deren Basis die Begutachtung erfolgt. Bei der Ersttestierung wird ein vierstündiger Einführungsworkshop, bei der Retestierung ein vierstündiger Follow-up-Workshop durchgeführt, beide sind obligatorisch. Visitation und Abschlussworkshop werden zu einem vierstündigen, innerhalb von sechs Wochen nach Versand des Gutachtens durchzuführenden Workshop zusammengefasst.

6.4 QVB

Ein ebenfalls speziell auf die Weiterbildung ausgerichtetes Qualitätsmanagementkonzept ist das QVB-Modell (Qualitätsentwicklung im Verbund von Bildungseinrichtungen), das zwischen 2002 und 2004 von der Deutschen Evangelischen Arbeitsgemeinschaft für Erwachsenenbildung (DEAE) und dem Bundesarbeitskreis Arbeit und Leben (BAK AuL) in einem vom BMBF geförderten Kooperationsprojekt erarbeitet wurde (DEAE und BAK AuL 2004). Es erhebt den Anspruch, besonders für kleine, dezentral arbeitende Erwachsenenbildungseinrichtungen hilfreich zu sein, die über eine Trägerorganisation oder einen Dachverband verbunden sind. Es versteht sich als Fortsetzung eines QM-bezogenen Professionalisierungsdiskurses, indem es sich explizit als pädagogisches Modell ausweist (Länge und Schmidt 2004; Seiverth 2016). Dahinter steht die Annahme, dass die Akzeptanz für Qualitätsmanagement bei den Mitarbeiterinnen und Mitarbeitern steige, wenn QM aus der Alltagsarbeit heraus entwickelt statt von außen gefordert und aufgesetzt würde (Länge und Schmidt 2004, S. 175).

Ausgangspunkt aller Überlegungen ist die Konkretisierung eines bildungsspezifischen Qualitätsverständnisses. Dieses wird in acht Gestaltungsbereichen zum Tragen gebracht:

- Leistung,
- Evaluation,
- Organisation,
- Ressourcenmanagement,
- Personal,
- Kommunikation,
- Marktbezug,
- Kooperation/Vernetzung.

Das Rahmenmodell gibt Anhaltspunkte und Orientierungshilfe sowohl für die Formulierung eines jeweiligen Qualitätsverständnisses als auch für die konkrete Ausformung der acht genannten Gestaltungsbereiche. Dies geschieht im Wesentlichen über Reflexionsfragen.

Für die Nutzenden des Modells ist die Übernahme einer Doppelperspektive wichtig: Sie beantworten die aufgeworfenen Fragen zum einen im Fokus der (örtlichen) Einzeleinrichtung und zum anderen mit Blick auf den Einrichtungsverbund, der im Regelfall bundes- oder landesweit agiert. Diese Sichtweise sensibilisiert für Unterschiede und die Wahrnehmung differenter Interessen.

Das Modell liefert einen Diskursrahmen und macht keinesfalls verbindliche Vorgaben. Es ist in Sprache und Duktus auf Gewohnheiten und Traditionen der potenziellen Nutzerinnen und Nutzer abgestimmt und bietet somit ein zugleich niederschwelliges und anspruchsvolles Angebot zum Einstieg in die Qualitätsdiskussion. Es kann damit auch als Handreichung zur Selbstevaluation genutzt werden und eröffnet durch seine offene Struktur selbst eher skeptischen Einrichtungen einen Weg in Qualitätsentwicklungsprozesse. QVB liegt damit auf einer ähnlichen Linie wie das in Sachsen entwickelte QES-Modell (Qualitätsentwicklungssystem Weiterbildung Sachsen; Knoll et al. 2001). Duktus und Struktur sind allerdings so angelegt, dass es auch für die gängigen QM-Verfahren anschlussfähig ist, im Besonderen an die ISO 9000. Wie schon im Rahmenmodell angekündigt, wurde so ein auf das QVB bezogenes Zertifizierungsverfahren entwickelt, das sich inhaltlich-strukturell an die ISO-Normenreihe anlehnt.

Für das QVB-Modell wurde mit der proCum-Cert Gmbh (pCC; www.procum-cert.de) aus Frankfurt/Main eine Allianz als feste Zertifizierungsstelle gegründet. Diese Prüfinstitution ist durch einen Kooperationsvertrag mit DEAE und AuL als strategischer Partner für Zertifizierungsprozesse nach QVB eingebunden. Die proCum-Cert befindet sich in kirchlicher Trägerschaft und ist durch die Trägergesellschaft für Akkreditierungswesen (TGA) und den Akkreditierungsrat der Bundesagentur für Arbeit als fachkundige Stelle im Sinne der AZAV akkreditiert. Sie ist damit autorisiert, das international anerkannte Zertifikat nach DIN EN ISO 9001:2015 zu vergeben.

Das Zertifizierungsverfahren nach QVB ist dreistufig angelegt (DEAE und BAK AuL 2006):

- Stufe A beinhaltet die Bausteine des QVB-Rahmenmodells (Qualitätsverständnis, Bestandsaufnahme, Projekte zur Qualitätssicherung) und in Orientierung an die ISO-Normenreihe ein System zur Dokumentenlenkung sowie die kontinuierliche Führung eines QM-Handbuchs.
- Stufe B umfasst alle Inhalte der Stufe A und darüber hinaus ein System des Prozessmanagements in Anlehnung an die DIN EN ISO 9001:2015.
- Stufe C erfüllt die Inhalte der Stufen A und B und alle weiteren Einzelanforderungen der DIN EN ISO 9001:2015 sowie bei Bedarf die AZAV-Anerkennung der Bundesagentur für Arbeit.

Auf allen drei Stufen läuft die Zertifizierung nach dem folgenden Muster ab:

- Erstinformation durch pCC und Übergabe von Basisinformationen durch die Einrichtung,
- Angebot und Vertrag,

- Erstellung und Versand des Qualitätsmanagementhandbuchs sowie weiterer erforderlicher Unterlagen (z. B. Satzung, aktuelles Programm) durch die Einrichtung,
- Systemanalyse durch pCC auf der Basis der Unterlagen,
- Systembegutachtung vor Ort (einschließlich der Erarbeitung von Verbesserungspotenzialen),
- Systembewertung und Zertifikatserteilung bei Vorliegen der geforderten Voraussetzungen.

Das Zertifikat wird für die Dauer von drei Jahren erteilt. Durch die jährlich stattfindenden Sitzungen des Qualitätsverbundes auf Bundes- oder Landesebene wird sichergestellt, dass das QM-System mindestens auf dem zertifizierten Niveau verbleibt. Durch den Austausch mit anderen QVB-zertifizierten Einrichtungen werden zudem wertvolle Impulse zur Verbesserung der eigenen QM-Prozesse gewährt. Die Rezertifizierung erfolgt nach Ablauf von drei Jahren bei Erfüllung der erforderlichen Voraussetzungen wiederum durch pCC.

Bei der Anwendung des QVB-Modells kommen u. a. folgende Vorteile zum Tragen (Seiverth 2016, S. 2):

- Aktivierung und Beteiligung von Mitarbeitenden,
- Anerkennung und Stärkung des professionellen Selbstbewusstseins,
- Thematisierung und Sichtbarmachung von Machtkonstellationen und Verantwortungsverhältnissen.

Neben den obligatorischen jährlichen Sitzungen des Qualitätsverbundes bieten DEAE und AuL weitere Unterstützungsleistungen zur Vorbereitung auf die Erstzertifizierung bzw. zur Aufrechterhaltung eines bereits zertifizierten QM-Systems an. Zu nennen sind eine kostenlose CD mit Inhalten, Arbeitsblättern und Arbeitshilfen sowie Workshops und Einzelberatungen. Das System wird laufend aktualisiert und diskutiert (vgl. die Internetseite von DEAE und AuL: https://www.qvb-info.de/).

6.5 Gütesiegelverbünde

Schon relativ früh in den 1990er-Jahren schlossen sich Einrichtungen zu Qualitätsverbünden zusammen, um auf diesem Wege Entwicklungsarbeiten voranzutreiben und sich gegenseitig zu unterstützen. Darüber hinaus wird über diese Verbünde für Weiterbildungsinteressierte ein einheitliches Signal gesendet, das die Marktorientierung erleichtert. Qualitätsverbünde können sich sowohl sektoral (wie beispielsweise die Weiterbildungseinrichtungen der Wirtschaft im Wuppertaler Kreis) als auch regional organisieren, wie die folgenden beiden Beispiele aufzeigen sollen (im Detail Jermann 2004; Zech 2004; Knoll et al. 2001; Krüger 1995).

6.5.1 Hamburger Modell

Ausgangspunkt für das Hamburger Modell (Krüger 1995), dem ersten Gütesiegelverbund in der deutschen Weiterbildung, war die Absicht des Hamburger Senats, Anfang der 1990er-Jahre ein Weiterbildungsschutzgesetz einzubringen. Für die Träger und Einrichtungen ergab sich daraus ein Impuls zur Entfaltung eigener Aktivitäten bis hin zur Erarbeitung eines eigenen Qualitätskonzepts auf der Basis gegenseitiger Kontrolle. Dabei konnte auf einer bereits etablierten Kooperationsstruktur in Form des Vereins „Weiterbildungsinformation Hamburg" aufgebaut werden, der zur Verbesserung der Markttransparenz eine Weiterbildungsdatenbank betrieb.

1993 erfolgte die Erweiterung des bestehenden Vereins um den Arbeitsbereich „Qualitätssicherung/Teilnehmerschutz". 1994 wurden kommunale Weiterbildungsberatungsstellen angegliedert, sodass der damit als „Weiterbildung Hamburg e. V." firmierende Verbund über drei Themensegmente verfügte. In der damals gültigen Satzung des Vereins sind vier Aufgabenbereiche umschrieben: „1. Information und Beratung zu allen Bereichen der Weiterbildung anzubieten und zu verbreiten mit dem Ziel, mehr Transparenz hinsichtlich der Weiterbildungsangebote für alle an Weiterbildung interessierten Personen zu schaffen, 2. für Weiterbildung in Hamburg zu werben, 3. Qualität der Weiterbildung zu fördern und zu sichern und 4. Teilnehmer und Teilnehmerinnen vor unangemessenen Vertragsbedingungen zu schützen.".

Diese Aufgabenbeschreibung verdeutlicht, dass sich der Verein vor allem dem Verbraucherschutz explizit verpflichtet fühlt (vgl. Ehmann 1992).

Die Grundstruktur des Vereins orientiert sich am Vereinsrecht, wobei die Satzung vorsieht, die Vorstandsmitglieder in angemessenem Verhältnis mit Professionellen aus den Bereichen der beruflichen Weiterbildung, der allgemeinen und politischen Weiterbildung sowie der Sprachenbildung zu rekrutieren. Eine zentrale Rolle im Gefüge des Vereins spielt der Beirat, dem praktisch alle für die Weiterbildung der Region wichtigen Akteure angehören (u. a. Behörden der Hansestadt Hamburg, Landeszentrale für politische Bildung, Handelskammer, Handwerkskammer, die Hamburger Hochschulen, DGB, ver.di).

6.5 Gütesiegelverbünde

Die beschriebenen Strukturen sind auch der Rahmen für die Qualitätssicherung nach dem Hamburger Modell. Zusätzlich zu Vorstand und Beirat gibt es drei Gutachterausschüsse: je einen für berufliche, sprachliche sowie allgemeine und politische Weiterbildung. Die Gutachterausschüsse sind mit gewählten Vertreterinnen und Vertretern aus Mitgliedseinrichtungen besetzt, die ihre Begutachtungstätigkeit ehrenamtlich leisten. Diese Gutachterausschüsse entwickelten für ihre jeweiligen Bereiche Qualitätsstandards, die im Beirat erörtert wurden. Als Ergebnis dieses Diskussionsprozesses entstand eine Liste von fast 40 Qualitätsstandards, auf die sich die Mitgliedseinrichtungen des Vereins verpflichten müssen. Diese Liste umfasst fünf Raster:

- Kriterien zur personellen und sachlichen Ausstattung (z. B. Standard 2: „Im pädagogischen Bereich der Bildungseinrichtung ist ausschließlich Personal (haupt- und/oder nebenamtlich) beschäftigt, das über durch Ausbildung und/oder Berufserfahrung erworbene fachliche und pädagogische Kompetenz verfügt" oder Standard 8: „Lern- und Sozialräume sowie sanitäre Einrichtungen entsprechen den gesetzlichen Anforderungen.")
- Unterrichtsbezogene Kriterien (z. B. Standard 18: „Es werden regelmäßig erwachsenengerechte Lern- und Erfolgskontrollen durchgeführt. Soweit Prüfungen vorgesehen sind, besteht im zulässigen Umfang die Möglichkeit zur Wiederholung.")
- Teilnehmerbezogene Kriterien (z. B. Standard 23: „Den Teilnehmenden wird für jede Veranstaltung ein/e verantwortliche/r Ansprechpartner/in benannt, die/der für die Besprechung lehrgangsbezogener Probleme, Kritik und Reklamationen in angemessenem Umfang zur Verfügung steht.")
- Allgemeine Teilnahmebedingungen (z. B. Standard 28: „Bei Rücktritt vom Vertrag innerhalb angemessener Fristen, mindestens bis 6 Wochen vor Veranstaltungsbeginn, darf die Bildungseinrichtung nur eine Bearbeitungsgebühr erheben. Bei späterem Rücktritt kann die Bildungseinrichtung eine Entschädigung verlangen, soweit kein/e Ersatzteilnehmer/in zur Verfügung steht.")
- Besondere Qualitätsstandards für abschlussbezogene Veranstaltungen (z. B. Standard 35: „Das Lehrpersonal macht Teilnehmer/innen rechtzeitig auf Lern- und Leistungsdefizite aufmerksam und schlägt flankierende Lernhilfen vor.").

Zur weiteren Konkretisierung dieser Qualitätsstandards erarbeiteten die drei Gutachterausschüsse für ihre jeweiligen Zuständigkeitsbereiche ausführliche Checklisten: Die antragstellende Einrichtung muss detailliert zu vier Grundmodulen (organisationsbezogene Standards, Kundenorientierung, Personalstandards, Bildungsangebot) und ggf. zu weiteren Zusatzmodulen Auskunft geben, so beispielsweise zu den Modulen Individuen und Prozesse, IT-Schulungen, mediengestütztes Selbstlernen, allgemeine und politische Weiterbildung oder sprachliche Weiterbildung.

Die Aufnahme in den Verein Weiterbildung Hamburg und die damit verbundene Berechtigung zur Führung des Prüfsiegels erfolgt nach einem vorgeschriebenen Verfahren. Ausgangspunkt ist der Antrag auf Mitgliedschaft und die Verpflichtung auf Einhaltung der 37 Qualitätsstandards durch die antragstellende Einrichtung. Die hauptamtlichen Mitarbeiterinnen des Vereins nehmen eine erste formale Prüfung vor – u. U. mit Einbezug des zuständigen Gutachterausschusses oder sogar von externem Sachverstand. Die Prüfung intendiert Klärung, etwa zur Frage, ob es sich beim Antragsteller überhaupt um eine Weiterbildungseinrichtung handelt, ob er seinen Sitz in den Grenzen der Hansestadt hat und ob die Kontinuität des offenen Angebots zu erwarten steht (vgl. § 4 der Satzung).

Ist die formale Prüfung ohne Beanstandung erfolgt, bieten die hauptamtlichen Mitarbeitenden der antragstellenden Einrichtung bei Bedarf Beratung in Fragen der Qualitätssicherung an. Antragstellende erhalten die Checkliste mit der Bitte, diese ausgefüllt zurückzusenden.

Der jeweilige Gutachterausschuss nimmt eine erste Bewertung der ausgefüllten Checkliste vor und besucht die Einrichtung. In diesem Zusammenhang werden Unstimmigkeiten bei der Beantwortung der Checkliste und weitere offene Fragen durch Einsichtnahme z. B. in Veranstaltungsverzeichnisse oder Schulungsverträge abgeklärt, durch plausible Erklärung oder durch konkrete Anschauung (z. B. durch Hospitation). Die Gesprächsführenden des Vereins erstellen ein Besuchsprotokoll.

Auf dessen Basis erörtert der zuständige Gutachterausschuss den Aufnahmeantrag, stellt diesen möglicherweise zurück oder schaltet externen Sachverstand ein. Wenn Qualitätsstandards nicht erfüllt werden, bekommt der Antragsteller eine Frist zur Nachbesserung/Qualitätsentwicklung. Der Vorstand wiederum hat prinzipiell zwei Möglichkeiten: Aufnahme, wenn die Qualitätsstandards erfüllt sind, oder Ablehnung, wenn die Qualitätsstandards auch nach der Frist zur Nachbesserung nicht erfüllt werden.

Im Falle der Aufnahme darf die Einrichtung das Gütesiegel des Weiterbildung Hamburg e. V. zu Werbezwecken, in Veranstaltungsankündigungen oder anderen Verwendungszusammenhängen führen. Nach drei Jahren muss das Prüfsiegel erneut beantragt werden; eine Überprüfung erfolgt nach demselben Verfahren wie die Erstzertifizierung.

Bis 2008 waren die Bereiche „Qualitätssicherung", „Weiterbildungsdatenbank" und „Beratung" organisatorisch unter dem Dach der Weiterbildung Hamburg e. V. verbunden. Diese umfassende Organisationseinheit wurde seither aus finanziellen Überlegungen heraus aufgebrochen: Weiterbildung Hamburg e. V.

betreibt seither die Sparte Qualitätssicherung ausschließlich aus Beiträgen der Mitgliedseinrichtungen, während die beiden anderen Bereiche separat betrieben und aus öffentlichen Mitteln finanziert werden. Dennoch kooperieren die drei Sektoren des Vereins weiterhin rege und konstruktiv.

Offensichtlich ist das Hamburger Modell für viele Akteure nutzenstiftend: Den staatlichen Stellen gibt es Sicherheit bei Förderentscheidung, den Einrichtungen vermittelt es Impulse zur inhaltlichen und organisatorischen Weiterentwicklung sowie als Marketinginstrument, den Weiterbildungsinteressenten wiederum bietet es Entscheidungshilfe und Sicherheit. Wichtig für die Aufrechterhaltung und Weiterentwicklung eines Qualitätskonzepts ist zudem allerdings auch Druck von außen: Staat, Fördermittelgeber und Kundinnen sowie Kunden sind es, die mitunter genau ein solches System als Vorbedingung einer Förderung, Anerkennung oder Beauftragung verlangen.

Heute sind ca. 200 Einrichtungen Mitglied bei Weiterbildung Hamburg e. V. Diese beträchtliche Anzahl belegt, dass das Gütesiegel und die damit verbundenen Qualitätsstandards den Hamburger Weiterbildungsmarkt prägen. Dieses Phänomen verstärkt sich umso mehr, je stärker die Hamburger Bevölkerung über das Gütesiegel aufgeklärt wird und von sich aus auf die Einhaltung der Standards drängt.

Weiterbildung Hamburg e. V. hat zudem einen Fragenkatalog erarbeitet, der Weiterbildungsinteressenten Impulse zur Reflexion von Lernmotivation und Bildungszielen bieten und so einen Beitrag leisten soll, fundierte Entscheidungen zu treffen. So wird z. B. gefragt:

- Welchen Nutzen ziehen Sie für Ihre persönliche und berufliche Zukunft aus dem Kurs?
- Sind Erfolgskontrollen im Kurs vorgesehen? Sind Prüfungen wiederholbar?
- Gibt es während des Kurses feste Ansprechpartner und Sprechzeiten für Ihre Fragen?
- Gibt es genaue Angaben zur Dauer des Kurses, zu seinen Inhalten und Zielen?
- Ist der Schutz Ihrer personenbezogenen Daten gewährleistet?

Die Verantwortlichen sehen ihr Modell somit als erfolgreichen Versuch an, Qualitätsproblemen umfangreich vorzubeugen. Gleichzeitig wird aber auch daran gearbeitet, das Qualitätsbewusstsein der Mitgliedseinrichtungen z. B. durch Beratung und Information weiter zu schärfen und durch die Weiterentwicklung und Präzisierung der Checklisten und Qualitätsstandards das Modell zu vervollkommnen und auszubauen. Eine Evaluation des Vereins hat zwar auch

Schwachstellen aufgezeigt, aber diesem Ansatz insgesamt Entwicklungsfähigkeit bescheinigt (Faulstich und Grünhagen 1997). Die erwähnten Angaben und weiterführende Informationen finden sich auf der Internetseite des Vereins (www.weiterbildung-hamburg.de).

6.5.2 Gütesiegelverbund Weiterbildung

Der Gütesiegelverbund Weiterbildung wird in der Rechtsform eines Vereins durch staatlich anerkannte bzw. öffentlich geförderte Weiterbildungseinrichtungen aus allen Bereichen der Weiterbildung getragen. Die über 190 Mitgliedseinrichtungen haben ihren Sitz überwiegend in Nordrhein-Westfalen.

Das vom Verein entwickelte Zertifizierungsverfahren, das 2009 und 2015 überarbeitet wurde, läuft in sieben Schritten ab (Details auf der Internetseite www.guetesiegelverbund.de):

- Anmeldung der zertifizierungswilligen Einrichtung beim Gütesiegelverbund,
- Erstgespräch in der Einrichtung zur Orientierung und Information über das Gütesiegelverfahren sowie Fixierung des Zeitplans,
- Erstellung von Selbstreport (bzw. seiner Fortschreibung) und Einreichung von Nachweisdokumenten durch die Organisation,
- Prüfung und Bewertung des Selbstreports durch die Gutachterin bzw. den Gutachter; Verfassen eines Zwischenbericht (ggf. mit Nachbesserungsauflagen),
- Einrichtungsbesuch der/des Gutachtenden zur Prüfung von Dokumenten und Verfahrenswegen, flankiert von Gesprächen mit Leitung, Qualitätsbeauftragter/m und Mitarbeitenden,
- Erstellen des Auditberichts durch die/den Gutachtende/n,
- Vergabe des Zertifikats bei Vorliegen aller Voraussetzungen mit einer Gültigkeit von drei Jahren.

Kernstück des Zertifizierungsverfahrens ist der Selbstreport, der zu vier Qualitätsbereichen den Nachweis führen muss, dass die vorgegebenen Standards erfüllt werden. Der Nachweis wird im Regelfall durch die Vorlage von Dokumenten (z. B. Protokolle, Checklisten, Curricula, Haushaltspläne) geführt, deren praktische Nachhaltigkeit durch die/den Gutachtende/n beim Einrichtungsbesuch exemplarisch überprüft wird. Die vier Qualitätsbereiche sind:

- Bildung – Bildungsangebot,
- Personal und Professionalisierung,

- Teilnehmende – Teilnehmendenschutz,
- Organisation – Verantwortung und Entwicklung.

Für Bildungsstätten, also Einrichtungen mit Internatsbetrieb, gelten spezielle Ergänzungen zu den Qualitätsbereichen. In gleicher Weise ist auf die Anforderungen aus der Anerkennungs- und Zulassungsverordnung – Weiterbildung (AZAV) zum SGB III – reagiert worden, Qualitätsbereiche wurden entsprechend erweitert. Die dadurch erreichte Konformität der Qualitätskonzepte ermöglicht nunmehr ein vereinfachtes Prüfverfahren mit Blick auf die Zulassung nach AZAV.

Die Gutachterinnen und Gutachter des Gütesiegelverbundes sollen unabhängig, fach- und feldkompetent sein. Sie müssen über eine Auditor-Ausbildung verfügen und werden bei Vorliegen der Voraussetzungen vom Beirat des Gütesiegelverbundes akkreditiert.

Mitglieder und Interessierte erhalten über das Zertifizierungsverfahren hinaus begleitende Unterstützung in Form von Informationen und Austauschmöglichkeiten (z. B. über die Internetseite, Pressearbeit oder Veranstaltungen) sowie das Angebot zu Fortbildungen (z. B. zur/zum Qualitätsbeauftragten).

6.6 Balanced Scorecard

Abschließend wird mit der Balanced Scorecard (BSC) ein Verfahren vorgestellt, das vor allem in der Wirtschaft weit verbreitet ist. Dieses Modell gilt nicht als reines QM-Verfahren, sondern lässt sich eher als Organisationsentwicklungsverfahren klassifizieren (vgl. Gehringer und Michel 2000; Kaplan und Norton 1997).

6.6.1 Ansatzpunkt und Genese

Die Wirtschaft ist in den letzten Jahren einem besonders starken Änderungsdruck ausgesetzt, der vielfältige Ursachen hat. Hierdurch haben sich globale Wettbewerbsbedingungen verschärft, Qualitätsanforderungen erhöht und technologische Möglichkeiten erweitert. Im betrieblichen Alltag hat sich diese Entwicklung auf höchst unterschiedliche Weise niedergeschlagen (vgl. Daluege und Franz 2008, S. 10–32; Frieling 1999; Lenhardt und Reusch 2015; Negt 2002, S. 355 ff.):

- „Schlanke" Organisationsstrukturen wurden eingeführt, vor allem mit dem Ziel, Kosten zu senken. Unter der Flagge von „lean production" oder „lean management" zählen dazu auch Instrumente zur Enthierarchisierung von Unternehmen, zur Verkürzung von Entscheidungswegen und zur Stärkung der Verantwortung der Mitarbeitenden.
- Arbeitsaufgaben wurden ausgelagert (Outsourcing), um personelle Verbindlichkeiten zu reduzieren und den Ressourceneinsatz flexibler zu steuern.
- Arbeitsaufgaben werden mithilfe moderner Informations- und Kommunikationstechnik räumlich dezentralisiert (z. B. in Form von Telearbeit).
- In höherem Maße als früher wird Wert auf die Befriedigung von Kundenwünschen gelegt. Kundenorientierung ist nicht nur ein strategischer Hebel für Marketing und Vertrieb, sondern für den gesamten Produktions- und Vermarktungsprozess.
- Belegschaften wurden in Rand- und Kernbelegschaften ausdifferenziert, wobei die Ersteren tendenziell mit prekären Arbeitsplätzen (befristet, schlecht bezahlt, sozial wenig abgesichert) konnotiert sind, während Letztere i. d. R. über gut bezahlte und abgesicherte Arbeitsplätze verfügen.
- Um tayloristische Produktions- und Arbeitsstrukturen aufzubrechen und mehr Verantwortung an den Arbeitsplatz zu verlegen, wird verstärkt auf Modelle der Gruppenarbeit gesetzt.
- Unternehmen verstehen sich mit zunehmender Selbstverständlichkeit als änderungsbereite und änderungsfähige Organisationen und versuchen, den Wandel aktiv zu gestalten („lernende Unternehmen").

Diesen neuen Tendenzen sind bereits relativ lange wirksame hinzuzufügen, wie die zunehmend selbstverständliche Erwerbstätigkeit von Frauen, das steigende Qualifikationsniveau der Beschäftigten und die Veränderungen der Altersstruktur Erwerbstätiger.

In jenen Gesamtkontext ist auch die Balanced Scorecard angesiedelt, die sich als Kontrapunkt zu einer eher statischen und rückwärtsgewandten Unternehmenssicht auf der Grundlage von Buchhaltungszahlen versteht. Philosophie ist hierbei ein Denken in strategischen Zielen auf der Basis eines zukunftsorientierten Kennzahlensystems. Es soll nicht rückwärtsgewandt beurteilt, sondern zukunftsgerichtet gestaltet und geplant werden. Des Weiteren versteht sich die Balanced Scorecard als umfassender Ansatz, der nicht nur die finanzwirtschaftliche Seite des Unternehmens einbezieht, sondern auch die Kunden- und Mitarbeitersicht. Dieser Ansatz weist somit durchaus Parallelen zu herkömmlichen QM-Verfahren wie EFQM oder ISO auf.

6.6.2 Grundstrukturen und Abläufe

Herzstück der Balanced Scorecard ist die präzise Ausformulierung der Unternehmenszielsetzungen. Nur wenn klar ist, wohin das Unternehmen sich orientiert bzw. orientieren will, können die Zielgrößen in Form von Kennzahlen formuliert werden. Zugrunde gelegt wird dabei eine Zielkaskade, die aus folgenden Elementen besteht:

- Mission,
- Vision,
- Leitbild,
- strategische Ziele,
- operative Ziele.

In der Mission des Unternehmens bzw. der Einrichtung werden die Leistungen dargestellt, also z. B. welche Produkte hergestellt oder welche Dienstleistungen angeboten werden sollen – in der betriebswirtschaftlichen Literatur wird dies etwas unprätentiöser als Unternehmenszweck bezeichnet. So könnte beispielsweise ein Bäckereibetrieb als Unternehmenszweck die „Herstellung und Vertrieb von Backwaren aller Art" ausweisen. Etwas pathetischer wäre die folgende Formulierung: „Herstellung und Vertrieb wohlschmeckender und frischer Backwaren, die jeden Kunden glücklich machen".

Unter Vision ist die Beschreibung eines Fernzieles zu verstehen, das in Zukunft durch das unternehmerische Tun bzw. durch die Aktivitäten der Einrichtung erreicht werden soll. Der Vision haftet etwas Utopisches, manchmal fast Unerreichbares an. Die Vision ist eine Herausforderung, ein ambitioniertes Ziel. Visionen sollen die Fantasie anregen, die Handelnden motivieren und ihr Tun in einen größeren Zusammenhang stellen. Der erwähnte Bäckereibetrieb könnte als Vision ausrufen, größter Bäckereibetrieb der Region zu werden oder für mindestens zehn Produkte Auszeichnungen im Gourmet-Ranking zu erhalten.

Das Unternehmensleitbild steckt den Rahmen ab, in dem die Unternehmens- bzw. Einrichtungsaufgaben erfüllt werden. Es beschreibt die Grundstruktur des Handelns nach innen wie außen und ist eine gewichtige Identifikationsfolie für die Beschäftigten, denn es umreißt die innere Verfasstheit des Unternehmens. Diese „Corporate Identity" könnte z. B. für den Bäcker bedeuten, dass er seine Backwaren mit Produkten aus ökologischem Anbau herstellt und beim Vertrieb ebenfalls ökologische Grundsätze befolgt (z. B. nur Brötchentüten aus Recycling-Papier verwenden).

Strategische Ziele sind elementare Zwischenschritte auf dem Weg zur Erfüllung der Vision unter Beachtung des Leitbildes. Diese Ziele sind aus der Vision abgeleitet und lassen sich in der Regel konkretisieren, meist sogar quantifizieren und sind mittelfristig erreichbar. Die zu ihrer Erreichung notwendigen Maßnahmen sind beschreibbar und prinzipiell umsetzbar, also realistisch. Strategische Ziele betreffen das gesamte Unternehmen bzw. die gesamte Einrichtung. Unser Bäckerbetrieb könnte für einen zu definierenden Planungszeitraum anstreben, mindestens vier kleine Einzelbetriebe zu übernehmen, um so seinen Marktanteil auf 10 % zu erhöhen.

Die unternehmensweit geltenden Zielsetzungen müssen auf die einzelnen Unternehmensteile, Bereiche bzw. Abteilungen übertragen werden und so zu einem schlüssigen Gesamtgefüge montiert werden. Diese operativen Ziele sind abgeleitet aus den strategischen Zielsetzungen, sodass Teileinheiten des Unternehmens bis auf die Ebene der Einzelperson auf die Unternehmensstrategie ausgerichtet werden. Der expandierende Bäckereibetrieb wird damit etwa für seine Verkaufsfilialen Umsatz- oder Absatzgrößen vorgeben oder für die Backwerkstatt Produktivitätserhöhungen umsetzen müssen (z. B. durch den Einsatz moderner Backtechnologie).

Die Balanced Scorecard leitet aus der Mission, der Vision und den strategischen Zielen mit Kennzahlen messbare (Unter-)Ziele ab. Bei diesem Vorgang werden grundsätzlich vier Kernperspektiven beachtet:

- die finanzwirtschaftliche Perspektive,
- die Perspektive der Kundschaft,
- die interne Prozessperspektive sowie
- eine Lern- und Entwicklungsperspektive.

Neben diesen Kernperspektiven können auf Wunsch der Beteiligten weitere Perspektiven in die Betrachtung einbezogen werden. Hier könnte beispielsweise eine ökologische oder eine gesellschaftliche Perspektive vom jeweiligen Unternehmen im Zielbereich als passend erachtet werden und entsprechend Berücksichtigung finden.

Die finanzwirtschaftliche Perspektive ist der in Wirtschaftskontexten traditionelle Blick, der den Erfolg eines Unternehmens an Gewinnhöhe, Kapitalrendite oder Umsatzwachstum festmacht. Diese Perspektive hat auch bei der Balanced Scorecard einen hohen Stellenwert – sollen doch alle Bestrebungen eines Unternehmens letztlich darauf gerichtet sein, langfristige finanzwirtschaftliche Ziele zu verwirklichen. Auch für Non-Profit-Organisationen gilt dies ansatzweise, wenn z. B. Kostendeckung oder ein maximaler Kostendeckungsbeitrag angestrebt wird.

6.6 Balanced Scorecard

Die Balanced Scorecard betont die Veränderung der finanzwirtschaftlichen Perspektive in Verquickung und Abhängigkeit vom Reifegrad des Unternehmens: So wird ein Betrieb in seiner Start- oder Wachstumsphase andere finanzielle Akzente setzen als eine Organisation in ihrer Reife- oder Erntephase.

Auch der schon mehrfach zitierte Bäckereibetrieb wird sich in dieser Hinsicht positionieren und Antworten auf z. B. folgende Fragen finden müssen:

- Wie lassen sich die Produktionskosten senken?
- Wie verzinst sich das eingesetzte Kapital (Kapitalrendite)?
- Wie lassen sich die Gewinne steigern?
- Wie hoch ist der Umsatz je Beschäftigter/m im Vergleich zu Konkurrenzbetrieben?

Die Kundenperspektive lenkt den Blick vor allem auf Aspekte, die der Verbesserung der Kundenzufriedenheit dienen bzw. geeignet sind, neue Kunden anzuziehen und zu binden (high-quality customizing). Insbesondere geht es dabei um die Auswahl des Marktsegments, also der Kundengruppe, die mit dem Produkt- bzw. Dienstleistungsspektrum optimal angesprochen werden kann. Im Kern geht es darum, genau jene Kundschaft besonders intensiv zu betreuen, die am meisten Umsatz verspricht bzw. bringt, beispielsweise mit besonderen Serviceangeboten oder Sonderkonditionen (value-graded sales).

Die Kundenperspektive ist sehr eng mit der finanzwirtschaftlichen Perspektive verbunden, weil nur eine ausreichende Zahl von Kundinnen bzw. Kunden das nötige Umsatzvolumen liefern kann: Kundenförderung ist Absatzförderung. So steht auch unser Bäckermeister wieder vor entscheidenden Fragen:

- Mit welchen Maßnahmen kann ich die Kundentreue erhöhen (z. B. Aktionen für Kinder, Bonussysteme)?
- Welche Produkte haben für die Zufriedenheit der Kundschaft besondere Bedeutung (z. B. Brötchen, Brot)?
- Welche Kundinnen und Kunden bringen den höchsten Umsatz?
- Mit welchen Maßnahmen kann man verlorene Kundschaft wieder zurückgewinnen?

Die interne Prozessperspektive konzentriert sich auf Fragen der Leistungserstellung. Dabei werden drei Hauptprozesse unterschieden: Innovationsprozess, Betriebsprozess und Kundendienstprozess. Beim Innovationsprozess geht es darum, wie nach der Feststellung eines Bedarfs bzw. eines Kundenwunsches marktfähige Produkte und Dienstleistungen entwickelt werden. Der Betriebsprozess umreißt die

serienmäßige Herstellung von Produkten und Dienstleistungen sowie deren Vertrieb, im Kundenprozess schließlich geht es um Wartungs- und Reparaturarbeiten sowie um den Umgang mit Reklamationen und Beschwerden.
In allen Prozessstadien stehen Abläufe und ihre Optimierung im Mittelpunkt der Betrachtungen. So sollen die Durchlaufzeiten von Produkten möglichst gering sein und die einzelnen Stufen des Produktionsprozesses so verzahnt werden, dass wenig Reibungsverlust entsteht. Die Querverbindungen zu den anderen Perspektiven sind offensichtlich: Ein reibungsloser Service erhöht die Kundenzufriedenheit, die Optimierung der Arbeitsabläufe senkt die Kosten. Auch für den Bäckereibetrieb sind dabei Fragen zu beantworten:

- Wie lässt sich die Zeit zwischen Backen und Verkauf verkürzen (z. B. Backen im Verkaufsladen)?
- Welche Produktfolge sichert in der Backstube die optimale Auslastung personeller und sächlicher Kapazitäten (z. B. erst das Brot und dann die Torten oder umgekehrt)?
- Welche Regelungen gibt es bei Reklamationen von Kundinnen und Kunden?
- Welche Lagerkapazitäten sichern einen reibungslosen Produktionsfluss?

Bei der Lern- und Entwicklungsperspektive liegt der Fokus auf den Mitarbeiterinnen und Mitarbeitern, aber auch auf ihrem Zusammenwirken im Organisationszusammenhang (Stichwort: lernende Organisation). Dabei geht es u. a. um die Gewinnung und Auswahl der richtigen Arbeitskräfte (power recruitment, low-risk selection) sowie darum, diese Mitarbeitenden entsprechend weiterzuentwickeln, zu fordern und fördern (z. B. high-potential development). Natürlich spielen an dieser Stelle auch Fragen der Mitarbeiterzufriedenheit und -motivation eine entscheidende Rolle.

Alle Maßnahmen der Personalentwicklung (z. B. Weiterbildung, Coaching) geraten ins Blickfeld, ebenso Fragen der internen Kommunikation und Partizipation. Zu erfassen sind in diesem Zusammenhang ggf. auch Kompetenzen, die arbeitsintegriert oder sogar außerhalb des Betriebes angeeignet wurden. Der Bäckermeister steht auch an dieser Stelle vor zentralen Fragen:

- Wie zufrieden sind die Beschäftigten mit den Arbeitsbedingungen?
- Besitzen alle Mitarbeitenden ausreichende Kompetenzen, um den Arbeitsplatzanforderungen zu genügen?
- Wie hoch ist die Krankheitsrate?
- In welchem Umfang kommen aus dem Kreis der Mitarbeiterinnen und Mitarbeiter Verbesserungsvorschläge?

Tab. 6.2 Beispiel für eine Balanced Scorecard

Grundperspektive	Strategische Ziele	Messgrößen	Zielgrößen	Maßnahmen
Finanzen	Umsatz erhöhen	Umsatz in €	Plus 10 %	Verstärkte Werbung, neue Produkte
Kundschaft	Neue Kundschaft gewinnen	Neukundenquote	20 %	Aktionen, neue Vertriebsformen
Interne Prozesse	Steigerung der Produktivität	Produktivität	Plus 10 %	Modernisierung der Produktionsanlagen
Mitarbeiterinnen und Mitarbeiter	Höherer Absatz	Absatz je Verkäuferin bzw. Verkäufer	Plus 10 %	Verkaufstrainings, Umsatzbeteiligung

Balanced Scorecards werden auf Unternehmensebene, Abteilungsebene, Bereichsebene und auf der persönlichen Ebene erstellt. Die Zielgrößen addieren sich jeweils zum Wert der höheren Ebene. So muss sich der angestrebte Gesamtumsatz der Bäckerei als Summe der Umsatzvorgaben der drei Verkaufsstellen ergeben (Tab. 6.2).

Eine vergleichbare Scorecard wäre nun auch für jede der drei Verkaufsstellen und für die Backstube zu konstruieren. Dabei können durchaus situationsbedingt – z. B. auf Basis der Marktlage – unterschiedliche Umsatzziele bzw. Umsatzsteigerungsraten für die drei Verkaufsstellen vorgegeben werden. Schließlich wird auch für jede Gesellin bzw. jeden Gesellen und jede Verkäuferin bzw. jeden Verkäufer eine Scorecard angefertigt und ist anschließend handlungsleitende Richtgröße.

6.7 Zur Reflexion

- Vergleichen Sie die vorgestellten QM-Verfahren anhand der folgenden drei Kriterien: a) Entwicklungsbezug, b) Aufwand, c) Akzeptanz.
- Was macht die Balanced Scorecard zu einem QM-Verfahren?
- Woran kann gelungenes Lernen festgemacht werden?
- Inwiefern ist LQW als „lernerorientiert" zu beschreiben?

6.8 Literaturtipps

- Sauter, E. (2002). Qualitätssicherung in der beruflichen Weiterbildung – Stand und Handlungsbedarf. In Forum Bildung (Hrsg.), *Expertenberichte des Forum Bildung* (S. 165–170). Bonn: BLK. urn:nbn:de:0111-opus-3566. Zugegriffen: 11. Sept. 2018.

Literatur

ArtSet. (2009). *Lernerorientierte Qualitätstestierung in der Weiterbildung für Kleinstorganisationen*. Hannover: ArtSet.

ArtSet. (2017). *Lernerorientierte Qualitätstestierung in der Weiterbildung KOMPAKT. Vorlage für den Selbstreport*. Hannover: ArtSet. http://www.qualitaets-portal.de/wp-content/uploads/Vorlage_Selbstreport_LQW_kompakt_Januar_2017.doc. Zugegriffen: 12. Sept. 2018.

CERTQUA. (2015). Die 7 wichtigsten Änderungen der DIN EN ISO 9001:2015. *CERTQUA QM-Blog 27.04.2015*. http://www.certqua.de/qm-blog/die-7-wichtigsten-aenderungen-der-din-iso-90012015/. Zugegriffen: 12. Sept. 2018.

Daluege, C.-A., & Franz, H.-W. (2008). *IQM. Integriertes Qualitätsmanagement in der Aus- und Weiterbildung. Selbstbewertung für EFQM, DIN EN ISO 9001 und andere QM-Systeme*. Bielefeld: Bertelsmann.

DEAE – Deutsche Evangelische Erwachsenenbildung, & BAK AuL – Bundesarbeitskreis Arbeit und Leben (Hrsg.). (2004). *Qualitätsentwicklung im Verbund von Bildungseinrichtungen – QVB. Das Rahmenmodell*. Frankfurt: DEAE & BAK AuL. https://www.elag.de/wp-content/uploads/qvb.pdf. Zugegriffen: 12. Sept. 2018.

EFQM – European Foundation for Quality Management. (2018). *An overview of the EFQM excellence model*. Brüssel: EFQM. https://www.bqf.org.uk/wp-content/uploads/2018/06/EFQM-Excellence-Model_abridged.pdf. Zugegriffen: 6. März 2019.

Ehmann, C. (1992). Verbraucherschutz in der beruflichen Weiterbildung. In Landesagentur für Struktur und Arbeit Brandenburg GmbH (Hrsg.), *Verbraucherschutz und Qualitätssicherung in der beruflichen Weiterbildung. Dokumentation einer Fachtagung am 28. Februar 1992 im Residence Hotel Potsdam* (S. 10–18). Kleinmachnow: Landesagentur für Struktur und Arbeit Brandenburg.

Faulstich, P., & Grünhagen, M. (1997). *Support-Strukturen für die Weiterbildung als öffentlich gestützter Trägerverbund* (Reihe: Hamburger Hefte der Erwachsenenbildung, H. 3). Hamburg: Universität Hamburg. https://www.ew.uni-hamburg.de/einrichtungen/ew3/erwachsenenbildung-und-lebenslanges-lernen/files/faulstich-gruenhagen-support-strukturen.pdf. Zugegriffen: 13. Sept. 2018.

Faulstich, P., Gnahs, D., & Sauter, E. (2003). *Qualitätsmanagement in der beruflichen Weiterbildung: Ein Gestaltungsvorschlag*. Gutachten im Auftrag von: Gewerkschaft Erziehung und Wissenschaft (GEW), IG Metall, Vereinte Dienstleistungsgewerkschaft (ver.di). Berlin: GEW. http://www.netzwerk-weiterbildung.info/upload/m3f83f6bd86588_verweis1.pdf. Zugegriffen: 12. Sept. 2018.

Frieling, E. (1999). Lernkultur: Arbeitsorganisation und Unternehmenskultur. In Arbeitsgemeinschaft Qualifikations-Entwicklungs-Management (Hrsg.), *Kompetenzentwicklung '99* (S. 147–212). Münster: Waxmann.

Gehringer, J., & Michel, W. J. (2000). *Frühwarnsystem Balanced Scorecard. Unternehmen zukunftsorientiert steuern; mehr Leistung, mehr Motivation, mehr Gewinn.* Düsseldorf: Metropolitan.

Hartz, S., & Meisel, K. (2011). *Qualitätsmanagement* (3. aktual. u. überarb. Aufl.). Bielefeld: Bertelsmann.

Hendricks, G. (2014). QM-Beauftragte – Ein Auslaufmodell? *QUBIC.praxis, 12* (2), 5–6. https://www.qubic.de/uploads/media/QUBIC.praxis_2-2014_web.pdf. Zugegriffen: 13. Sept. 2018.

Jermann, R. (2004). EduQua: Das Label für Qualität in der Weiterbildung. In C. Balli, E. M. Krekel, & E. Sauter (Hrsg.), *Qualitätsentwicklung in der Weiterbildung – Wo steht die Praxis?* (Reihe: Berichte zur beruflichen Bildung, Bd. 262, S. 123–135). Bielefeld: Bertelsmann.

Kaplan, R. S., & Norton, D. P. (1997). *Balanced scorecard.* Stuttgart: Schäffer-Poeschel (Erstveröffentlichung 1996).

Knoll, J., Wiesner, G., Franke, A., Leye, G., Gerber, K., & Rinneberg, L. (2001). *Qualitätsentwicklungssystem Weiterbildung Sachsen (QES). Projekt-Dokumentation.* Chemnitz: Sächsischer Volkshochschulverband.

Krüger, T. (1995). Öffentlich gestützte Selbstkontrolle – das Gütesiegel in Hamburg. In R. v. Bardeleben, D. Gnahs, E. M. Krekel, & B. Seusing (Hrsg.), *Weiterbildungsqualität. Konzepte, Instrumente, Kriterien* (Reihe: Berichte zur beruflichen Bildung, Bd. 188, S. 205–212). Bielefeld: Bertelsmann.

Länge, T. W., & Schmidt, J. (2004). Qualitätsentwicklung im Verbund von Bildungseinrichtungen (QVB). Ein Projekt mit Blick auf Verbund, Profession und Wertebindung. *Praxis Politische Bildung, 8*(3), 172–178. https://www.qvb-info.de/images/stories/pdf/theo-w-laenge+jens-schmidt-qualitaetsentwicklung.pdf. Zugegriffen: 13. Sept. 2018.

Lenhardt, U., & Reusch, J. (2015). Die Arbeitswelt von heute: Daten, Schwerpunkte, Trends. In L. Schröder, & H.-J. Urban (Hrsg.), *Gute Arbeit. Qualitative Tarifpolitik – Arbeitsgestaltung – Qualifizierung* (S. 305–63). Frankfurt: Bund.

Negt, O. (2002). *Arbeit und menschliche Würde* (2. unveränd. Aufl.). Göttingen: Steidl (Erstveröffentlichung 2001).

Rau, T., Heene, J., Koitz, K., Schmidt, M., Schönfeld, P., & Wilske, A. (2014). *Qualitätsmanagement in der Aus- und Weiterbildung. Leitfaden zur Umsetzung der DIN ISO 29990* (2. überarb. u. erw. Aufl.). Berlin: Beuth.

Seiverth, A. (2016). Praktische Erfahrungen mit der „Qualitätsentwicklung im Verbund von Bildungseinrichtungen" (QVB). Ergänzt um Modelle zu den theoretische Grundlagen, Konstruktionselementen und Implementierungsverfahren (Fassung Juli 2016). Münster: DEAE. http://www.deae.de/QVB/SeiverthA._DarstellungQVB.pdf. Zugegriffen: 13. Sept. 2018.

Stenkamp, U. (2009). *Einführung ISO 9000 ff.* Hannover: AEWB.

Stiftung Warentest. (2008). *Transparenz ist nicht in Sicht.* Berlin: Stiftung Warentest. https://www.test.de/Qualitaetsmanagement-Transparenz-ist-nicht-in-Sicht-1531451-0/. Zugegriffen: 13. Sept. 2018.

Wunder, H. (2000). Qualitätsmanagement in der Praxis von Bildungsorganisationen. *Grundlagen der Weiterbildung, 11*(6), 302–305.

Zech, R. (2004). *Lernerorientierte Qualitätstestierung in der Weiterbildung. Das Handbuch* (2. unveränd. Aufl.). Hannover: Expressum (Erstveröffentlichung 2003).

Zech, R. (2006). *Lernerorientierte Qualitätstestierung in der Weiterbildung. Leitfaden für die Praxis. Modellversion 3*. Hannover: Expressum.

Zech, R. (2017). *Lernerorientierte Qualitätsentwicklung in der Weiterbildung. Leitfaden für die Praxis. Modellversion 3* (6. korr. Aufl.). Hannover: ArtSet. http://www.qualitaets-portal.de/wp-content/uploads/LQW-3-Leitfaden-201701.pdf. Zugegriffen: 13. Sept. 2018.

Zech, R., & Dehn, C. (2017). *Qualität als Gelingen. Grundlegung einer Qualitätsentwicklung in Bildung, Beratung und sozialer Dienstleistung*. Göttingen: Vandenhoeck & Ruprecht.

Zollondz, H.-D. (2011). *Grundlagen Qualitätsmanagement. Einführung in Geschichte, Begriffe, Systeme und Konzepte* (3. überarb. Aufl.). München: Oldenbourg.

Gesetzliche Regelungen 7

7.1 Europäische Ebene

Auf europäischer Ebene gibt es keine für die Weiterbildung verbindlichen gemeinsamen Grundlagen. Die EU versucht allerdings, das Thema „Qualitätssicherung" durch einschlägige Empfehlungen und Rahmenbedingungen zu forcieren. So haben das Europäische Parlament und der Europäische Rat im Juni 2009 eine gemeinsame Empfehlung zur Errichtung eines europäischen Bezugsrahmens für die Qualitätssicherung in der beruflichen Aus- und Weiterbildung verabschiedet (Europäisches Parlament und Rat 2009). Das Dokument liefert zur Orientierung eine Liste von Qualitätsindikatoren und Deskriptoren, die mithilfe eines europäischen Netzwerks (EQAVET) und nationaler Referenzstellen (in Deutschland DEQA-VET, angesiedelt beim Bundesinstitut für Berufsbildung) umgesetzt bzw. weiterentwickelt werden sollen. Dies wird über Tagungen, Publikationen und Arbeitshilfen (z. B. das Online-Tool für die Provider-Ebene) umgesetzt; Einzelheiten und aktuelle Hinweise hierzu finden sich auf den Internetseiten beider Netzwerke (www.deqa-vet.de und www.eqavet.eu).

Bereits im „Memorandum über Lebenslanges Lernen" aus dem Jahre 2000 (Kommission der Europäischen Gemeinschaften 2000) finden sich erste Anklänge zur Qualitätsthematik: „Eine Verbesserung der Qualität der Unterrichts- und Lernmethoden und -kontexte erfordert hohe Investitionen der Mitgliedstaaten: die pädagogischen Fähigkeiten der Lehrenden in formellen und nicht-formalen Lernumgebungen müssen angepasst, aktualisiert und erhalten werden" (Kommission der Europäischen Gemeinschaften 2000, S. 16 f.). Dieser Ansatz wird später in mehreren Folgedokumenten konkretisiert. So fordert die Mitteilung der Kommission „Erwachsenenbildung: Man lernt nie aus" (Kommission der Europäischen Gemeinschaften 2006) ausdrücklich und exponiert, die Qualitätskultur in der

Erwachsenenbildung zu fördern, insbesondere durch Maßnahmen der Professionalisierung, aber auch durch die Einführung von Qualitätssicherungsverfahren (Kommission der Europäischen Gemeinschaften 2006, S. 7 f.). Im Aktionsplan Erwachsenenbildung (Kommission der Europäischen Gemeinschaften 2007) gehört die Verbesserung der Qualität zu den fünf zentralen Maßnahmenkomplexen, Schlüsselaspekt bleibt hierbei die Qualität des eingesetzten Personals (Kommission der Europäischen Gemeinschaften 2007, S. 9).

Die Europäische Union versucht darüber hinaus, durch ein breites Spektrum von Projekten die Qualitätsentwicklung in der Weiterbildung europaweit zu fördern. Im Besonderen werden dazu die Förderprogramme „Leonardo da Vinci" und „Grundtvig" eingesetzt (vgl. Bonnaire 2006). Einen aktuellen Überblick über die Qualitätspolitik in den Mitgliedsstaaten liefert die Studie „Quality in the Adult Learning Sector" (Broek und Buiskool 2013), die zudem anhand von Beispielen aufzeigt, welche Vielfalt an Lösungsmöglichkeiten in der Praxis zu finden ist.

7.2 Bundesgesetzliche Regelungen

Bundesgesetzliche Aktivitäten auf dem Gebiet der Qualitätssicherung konzentrieren sich vor allem auf zwei Bereiche: den Fernunterricht und die durch die Bundesagentur für Arbeit geförderte Weiterbildung zum Abbau und zur Verhinderung von Arbeitslosigkeit.

Im weitesten Sinne können hier auch die Aktivitäten der Stiftung Warentest zugeordnet werden, die durch einen Beschluss des Bundestages aus dem Jahre 1964 gegründet wurde.

7.2.1 Fernunterrichtsschutzgesetz

In besonderer Weise wurde das Fernunterrichtsschutzgesetz (FernUSG) leitend für die Qualitätsdiskussion. Schon 1976 wurde es als Reaktion auf Missstände auf dem Fernunterrichtsmarkt in Kraft gesetzt, und es gilt als das erste Element des Verbraucherschutzes in der Weiterbildung. Zugleich markiert es die Wende hin zu einer eigenständigen Qualitätsdiskussion.

Fernunterricht im Sinne des Gesetzes ist die Vermittlung von Fähigkeiten und Kenntnissen, bei der Lehrende und Lernende ganz oder überwiegend räumlich getrennt sind und der Lernerfolg überwacht wird (§ 1 FernUSG). Fernlehrgänge bedürfen der Zulassung durch die Staatliche Zentralstelle für Fernunterricht (ZFU), die sich bei beruflichen Fernlehrgängen durch das Bundesinstitut für

7.2 Bundesgesetzliche Regelungen

Berufsbildung beraten lässt (§§ 12–14 FernUSG). Die Prüfung und Begutachtung der beantragten Zulassungen erfolgt anhand eindeutig festgelegter Kriterien wie Stoffauswahl und deren Gewichtung, Art der Lernerfolgskontrollen und Betreuungsumfang (Brandenburg 2005, S. 44 ff.).

Das Fernunterrichtsschutzgesetz hat die wechselhafte und häufig auch zugespitzte Qualitätsdiskussion der letzten Jahrzehnte nahezu unverändert überstanden; nur unwesentlich wurde der Wortlaut z. B. als Folge der Wiedervereinigung Deutschlands oder der Währungsumstellung verändert. Diese Konstanz ist in Zeiten des steten Wandels auffällig und zeigt, dass die 1976 geschaffene Regelung bereits treffend und wegweisend war (Vennemann 2000).

Theoretisch ist das Qualitätskonzept für den Fernunterricht auf zwei Ziele zugleich ausgerichtet: Zum einen bezieht es sich auf die rechtlichen und ökonomischen Belange des Verbraucherschutzes, zum anderen ist es an der Curriculumtheorie orientiert. Beide Ausrichtungen laufen nicht immer parallel, sodass es mitunter zu Zielkonflikten kommen kann. So sichert die Festschreibung der Lehrinhalte die Teilnehmenden einerseits vor eigenmächtigen Abänderungen oder der Vermittlung veralteter Inhalte durch das Fernlehrinstitut ab. Auf der anderen Seite sind damit die Möglichkeiten eingeschränkt, in der Ausgestaltung der Lehrgänge individualisiert, teilnehmer- und bedürfnisorientiert vorzugehen (Gnahs 1998, S. 153–163).

Der überschaubare Kreis der Akteure – die Fernlehrinstitute, die Zentralstelle für Fernunterricht (ZFU) und das Bundesinstitut für Berufsbildung (BIBB), der Fernlehrverband Forum DistancE-Learning, einige Wissenschaftlerinnen bzw. Wissenschaftler und kooperierende Einrichtungen – haben die Entwicklung einer eigenständigen Qualitätskultur begünstigt. Beachtenswert ist dabei, dass die Fernunterrichtsanbieter eigene, sehr weit reichende Aktivitäten zur Selbstkontrolle entwickelt haben, die bis auf die europäische Ebene reichen. Diese Qualitätsleitlinien ergänzen die staatlichen Vorgaben und haben dazu beigetragen, dass Fragen der Qualitätsentwicklung bei Fernunterrichtsanbietern in der Regel bereits seit längerer Zeit Teil des Tagesgeschäfts sind als bei den Präsenzveranstaltern für Bildungsangebote.

Die Systemqualität des Teilsystems „Fernunterricht" wird maßgeblich durch das FernUSG beeinflusst. Als Preis für den unzweifelhaft gewährten Verbraucherschutz leidet das Teilsystem unter einem gebremsten Marktzugang und den damit einhergehenden verminderten Chancen für neue Anbieter und innovative Angebote. Diese Effekte werden zwar durch eine pragmatische Praxis, beispielsweise über Teilzulassungen von Angeboten gemildert, aber nicht gänzlich beseitigt. So gesehen bleibt das FernUSG ein Unikum in der Weiterbildungslandschaft, das nur wenig Strahlkraft in andere Bereiche hinein zu entfalten vermag, obwohl es nach einhelliger Meinung seine qualitätssichernde Funktion in hohem Maße erfüllt (Gnahs 1998, S. 163).

Der Fernunterricht und das FernUSG stehen aktuell und in nächster Zeit vor enormen Herausforderungen. Die wichtigste dürfte das rasche Vordringen des E-Learnings sein, das den Fernunterricht methodisch verändert und seine Möglichkeiten bedeutend erweitert. Auch wenn Umfang, Wirksamkeit und Akzeptanz der neueren Lernformate bislang eher zurückhaltend zu beurteilen sind (Bilger und Gnahs 2013), so werden sie dennoch in bestimmten Lernbereichen, zumal jenen mit kognitivem Schwerpunkt, in ergänzender oder ersetzender Funktion an Bedeutung gewinnen. Die Qualitätsbeurteilung der internetbasierten Lerninhaltsvermittlung ist nicht grundsätzlich verschieden von der des „klassischen" Fernunterrichts, hat allerdings einige spezifische und bis dato nicht zu berücksichtigende Akzente wie z. B. die Beurteilung technischer Komponenten.

7.2.2 Verbraucherschutz

Das spezifische Mandat des Fernunterrichtsschutzgesetzes wird ergänzt durch das allgemeine Mandat der Stiftung Warentest, Verbraucherinnen und Verbraucher durch den Test von Bildungsprodukten und -dienstleistungen aufzuklären. Die Stiftung überprüft verstärkt seit den 1990er-Jahren stichprobenartig und verdeckt Bildungsdienstleistungen und schafft hierdurch Grundlagen für rationale Teilnahmeentscheidungen. Hierdurch wirkt sie über diese Komponente hinaus als Motor für Qualitätsentwicklung in den Einrichtungen. Gleichzeitig sollen die Testberichte die Teilnehmenden an Weiterbildungsangeboten sensibel machen für neuralgische Punkte der Veranstaltungsdurchführung, als eine Art Checkliste dienen und zeigen, welche rechtlichen Möglichkeiten im Falle von Qualitätsmängeln ausgeschöpft werden können. Mit der Verstetigung dieses Instruments werden kurzfristig empirisch fundierte Entscheidungshilfen für Weiterbildungsnutzende verfügbar. In komprimierter Form lassen sich diese Erfahrungen im Weiterbildungsguide der Stiftung Warentest abrufen (https://weiterbildungsguide. test.de/). Wichtiger noch sind die langfristig zu erwartenden Wirkungen von Weiterbildungstests: Durch die beschriebenen Aktivitäten sind Effekte einer nachhaltigen Stärkung des Nachfrager- und Nutzerverhaltens zu erhoffen sowie jener Anbieter, die sich im Sinne lernender Organisationen die von der Stiftung entwickelten Qualitätsmaßstäbe realiter zu eigen machen. Damit entfaltet sich durch die beschriebenen Initiativen letztlich ein generalpräventiver Ansatz (vgl. Töpper 2004).

Allerdings stößt auch ein solcher Ansatz an Grenzen, wie die Anfang der 1990er-Jahre durchgeführten Probeläufe der Stiftung Warentest und auch aktuell durchgeführte Tests anderer Institute zeigen. Der Fokus der zur Disposition gestellten Tests liegt auf jenen Aspekten des Weiterbildungsgeschehens, die sichtbar, prüfbar und im Zweifelsfall gerichtsverwertbar sind wie beispielsweise die Veranstaltungsankündigung oder die Allgemeinen Geschäftsbedingungen. Zudem ist zu bedenken, dass der Erfolg oder Misserfolg von Weiterbildungsmaßnahmen in beträchtlichem Maße auch vom Engagement der Teilnehmenden beeinflusst wird.

- In Richtung Verbraucherschutz weisen auch Initiativen, die über Checklisten die Entscheidung von Weiterbildungsinteressierten auf eine möglichst solide Basis stellen wollen. Eine der bekanntesten ist die unter Federführung des DIE erstellte und online verfügbare Orientierungshilfe „Wie finde ich die richtige Weiterbildung?" (DIE 2006) (https://www.die-bonn.de/esprid/dokumente/doc-2006/die06_01.pdf;).
- Des Weiteren ist auf die – ebenfalls online verfügbare – Checkliste des BIBB zu verweisen (Borowiec et al. 2014).

7.2.3 SGB III

Im SGB III (Sozialgesetzbuch III) und seinem Vorläufer-Gesetz AFG (Arbeitsförderungsgesetz) wird bzw. wurde geregelt, wie die von der Bundesagentur für Arbeit direkt oder indirekt (also über die Gewährung von Leistungen für Teilnehmende) geförderte berufliche Weiterbildung auszugestalten ist. Qualitätsfragen spielten dabei bis etwa 1975 nur eine untergeordnete Rolle, weil im Zentrum der Maßnahmenförderung die Aufstiegsfortbildung stand. Diese wiederum war auf Grundlage des Berufsbildungsgesetzes (BBiG) ausgestaltet, das im Hinblick auf die konkreten Voraussetzungen sowie durch standardisierte Prüfungen hinreichend reglementiert erschien. Dies änderte sich mit dem Aufkommen ungeregelter Fortbildungsmaßnahmen (Auftragsmaßnahmen) grundlegend. Erstmals wurde 1976 ein vom Bundesinstitut für Berufsbildung (BIBB) entwickelter Begutachtungskatalog eingesetzt, der in den Folgejahren fortlaufend verbessert wurde (Faulstich et al. 2003, S. 26 ff.).

Durch das erste Gesetz für moderne Dienstleistungen am Arbeitsmarkt erhielt die Qualitätsdiskussion im Jahre 2003 eine neue Wendung. Danach können laut SGB III Arbeitnehmerinnen und Arbeitnehmer gefördert werden, wenn „die Maßnahme und der Träger für die Förderung zugelassen sind" (Faulstich et al. 2003). Es wurde also ein doppeltes Zulassungsverfahren festgelegt: Geregelt werden „Anforderungen an Träger" und „Anforderungen an Maßnahmen". 2011 wurde das Sozialgesetzbuch III erneut grundlegend geändert. In diese Überarbeitung waren auch qualitätsrelevante Passagen einbezogen: Konkret wird das Erfordernis der Trägerzulassung seither zu einem allgemeinen Grundsatz der Arbeitsförderung, es schließt also nicht nur die Weiterbildungsförderung ein, sondern alle einrichtungsrelevanten Arbeitsmarktdienstleistungen (§ 176 SGB III).

Von den Bildungsträgern wird u. a. der Nachweis eines funktionierenden Qualitätsmanagementsystems verlangt, der qua externer Zertifizierung durch eine fachkundige Stelle zu erbringen ist (§§ 177 und 178). Die Einzelheiten der Umsetzung sind durch eine Durchführungsverordnung geregelt, die 2012 unter der Bezeichnung „Akkreditierungs- und Zulassungsverordnung Arbeitsförderung" (AZAV) in Kraft trat und in wesentlichen Aspekten durch die ISO-Norm inspiriert ist. Sie löste die nach den Hartz-Reformen gültige „Anerkennungs- und Zulassungsverordnung – WB" (AZWV) ab.

Laut AZAV erfolgt die Zertifizierung der Bildungseinrichtungen durch fachkundige Stellen (Zertifizierungsstellen), die ihrerseits eine Anerkennung durch die bei der Bundesagentur für Arbeit angesiedelte Anerkennungsstelle benötigen. Dieses zweistufige Verfahren entspricht der ISO-Norm. Wenig überraschend ist daher, dass viele ISO-Zertifizierer wie Certqua, DEKRA und TÜV nun auch zu den fachkundigen Stellen i. S. d. AZAV gehören.

Um die Anerkennung als fachkundige Stelle zu erlangen, müssen die Zertifizierer u. a. über die erforderlichen Organisationsstrukturen und finanzielle Bonität verfügen, sie müssen fachlich kompetent und unabhängig sowie selbst nach einem anerkannten QM-Verfahren zertifiziert sein. Die Anerkennungsstelle wird durch einen Anerkennungsbeirat beraten, der sich aus Vertretern der Sozialpartner, der Bildungsverbände, des Bundes und der Länder sowie weiterer Expertinnen und Experten aus dem Bildungsbereich zusammensetzt.

Die Bildungseinrichtungen wiederum müssen als Zertifizierungsvoraussetzung über ein funktionierendes QM-System verfügen, das über die in der AZAV definierten Merkmale verfügt (§ 3 Abs. 4 AZAV). Dazu gehören z. B. ein systematisches Beschwerdemanagement, ein zielorientiertes Konzept zur Qualifizierung und Fortbildung des Personals und ein kundenorientiertes Leitbild. Dieser Kranz von Bedingungen orientiert sich an den bereits etablierten (fremdevaluativen) Konzepten und verhindert, dass Einrichtungen mit niedrig ambitionierten selbstevaluativen Konzepten bei der Maßnahmenvergabe zum Zuge kommen. Zusätzlich zur Prüfung dieser Kriterien übernehmen die Arbeitsagenturen auch die prozessbegleitende Qualitätskontrolle der Maßnahmen, sie begleiten demnach sowohl deren Durchführung als auch die Erfolgsbilanzierung.

7.3 Landesgesetzliche Regelungen

Die Qualitätsdiskussion in der Weiterbildung hat – wie sich heute rückblickend feststellen lässt – breite Spuren in diesem Sektor hinterlassen. Alle Beteiligten haben Positionen bezogen und in vielen Fällen daraus auch praktische Konsequenzen gezogen. Diese Bilanz gilt auch für die Ebene der Bundesländer (vgl. ausführlich Gnahs und Krug 2018 mit detaillierten Ausführungen zu allen Bundesländern).

Als Forum des Informationsaustausches und der Meinungsbildung hat sich dabei der KMK-Ausschuss für Fort- und Weiterbildung bewährt, der in den letzten Jahren immer wieder Stellung bezog und damit die Länderposition in das politische Kräftespiel einbrachte. Als gemeinsame Positionslinie der Länder kann die Vierte Empfehlung der Kultusministerkonferenz zur Weiterbildung (KMK 2001) herangezogen werden, in der es zum Stichwort „Qualitätssicherung" heißt: „Die Qualität der Weiterbildung ist Voraussetzung für die Akzeptanz und den Erfolg des Bildungsangebots. Dies gilt in gleicher Weise für die öffentliche, die öffentlich geförderte und die kommerzielle Weiterbildung. Qualitätssicherung bedarf der Kontrolle, die auch Selbstkontrolle sein kann, und ist als Schutz für die Teilnehmerinnen und Teilnehmer sowie als Gütenachweis für die Einrichtungen der Weiterbildung unverzichtbar" (KMK 2001, S. 15).

Unter der Überschrift „Anerkennung und Teilnehmerschutz" heißt es weiter: „Der Schutz der Teilnehmerinnen und Teilnehmer vor unzulänglichen Angeboten ist über den Markt allein nicht immer herzustellen. Die Aufstellung von Kriterien und überprüfbaren Standards für die Anerkennung von Weiterbildungseinrichtungen kann zur Sicherung der Qualität des Angebots beitragen. Auch Formen der freiwilligen Selbstkontrolle können dazu sinnvoll sein. In jedem Fall ist anzustreben, dass Interessentinnen und Interessenten vor Eintritt in eine Maßnahme erkennen können, ob die Einrichtung und die Maßnahme qualitativen Mindeststandards entsprechen" (KMK 2001, S. 16).

Diese Positionen stimmen wörtlich überein mit der Dritten Empfehlung zur Weiterbildung aus dem Jahre 1994 (KMK 1994).

Die Länder haben in diesem Sinne vielfältige Aktivitäten hervorgebracht. Hervorzuheben ist allerdings, dass sich die Anstrengungen der Länder zur Verbesserung der Weiterbildungsqualität nicht in der Rechtsetzung erschöpfen. Jenseits der Gesetzgebungs- und Verordnungsarbeit lassen sich vielfältige Formen der Qualitätspolitik registrieren. In diesem Kontext sind etwa die Förderung von Modellversuchen, die Initiierung von Gesprächskreisen, die Veranstaltung von Tagungen, das Durchführen von Evaluationsarbeiten, die Förderung der Entwicklung von Qualitätskonzepten und die Bereitstellung von Checklisten u. Ä. zur Verbesserung des Teilnehmerschutzes zu nennen.

Die Erwachsenen- bzw. Weiterbildungsgesetze der Länder entstanden im Regelfall in den frühen 1970er-Jahren und sind damit einem bildungspolitischen Kontext zuzuordnen, der in der finanziellen Förderung von Bildungsträgern die entscheidende Weichenstellung für eine Expansion des Weiterbildungssektors sieht. Es handelt sich bei den entsprechenden gesetzgebenden Initiativen daher letztlich auch um „Institutionalisierungsgesetze", die auf Beantwortung der Frage zielen „Was brauchen Institutionen, um Bildungsangebote machen zu können?" (Nuissl 1995, S. 10). Die Nachfrageseite mit ihren jeweils besonderen Interessen blieb im Rahmen dieser Betrachtungen eher randständig und fand so nur spärlichen Niederschlag in den verabschiedeten Regelungen.

Der gesetzgeberischen Zweckbestimmung folgend spielen Fragen der Einrichtungsqualität in den entsprechenden Gesetzestexten eine zentrale Rolle. Fast gleichlautend werden Voraussetzungen bzw. Kriterien aufgelistet, die eine Einrichtung erfüllen muss, will sie in den Genuss der staatlichen Anerkennung bzw. Förderung kommen:

- freier Zugang für alle Personen ungeachtet ihrer politischen, religiösen oder weltanschaulichen Zugehörigkeit, Abstammung, Nationalität oder gesellschaftlichen Stellung; öffentlich zugängliche Programme,
- Offenlegung der Arbeitsinhalte, Arbeitsergebnisse und Finanzierungsstrukturen,
- wirtschaftliche Leistungsfähigkeit,
- hauptberufliche Leitung durch eine Person, die von ihrer Ausbildung und Berufserfahrung her für diese Aufgabe geeignet ist,
- Einsatz von hinreichend pädagogisch und fachlich qualifiziertem haupt- und nebenberuflichem Personal,
- kontinuierliche Fortbildung des eingesetzten Personals,
- auf Kontinuität angelegte Arbeit,
- für eine erfolgreiche Weiterbildungsarbeit notwendige Räume und Sachmittel,
- für eine erfolgreiche Weiterbildungsarbeit notwendige Curricula und Lehrmethoden.

Der Katalog macht deutlich, dass über alle Bundesländer hinweg große Übereinstimmung im Hinblick auf die Einrichtungsqualität festzustellen ist. Dies gilt nicht in gleichem Maße für die Veranstaltungsqualität. In den meisten Ländergesetzen bleibt die Definition der Veranstaltungsqualität „blass", ist allenfalls indirekt über die Benennung qualitätsrelevanter Inputfaktoren wie z. B. geeignetes Personal,

Räume, Curricula erschließbar. Was gefördert bzw. besonders gefördert werden soll, wird nicht über Qualitätsstandards definiert, sondern über thematische Abgrenzungen (z. B. politische Bildung, zweiter Bildungsweg).

In nahezu allen Weiterbildungsgesetzen ist ein Beratungsgremium vorgesehen (z. B. als Landesausschuss oder Beirat), das sich substanziell mit der Qualitätsfrage auseinanderzusetzen hat. Explizit ist dieser Arbeitsauftrag allerdings erst in wenigen Gesetzen verankert, wie beispielsweise in den zugehörigen Gesetzestexten der Bundesländer Bremen und Niedersachsen.

Eine weitreichende Lösung ist in diesem Zusammenhang in Rheinland-Pfalz installiert. Dort besteht beim Landesbeirat für Weiterbildung die sogenannte Statistikkommission, die aus je einem Mitglied der anerkannten Landesorganisationen zusammengesetzt ist. Sie dient der Sicherung der Qualität der Weiterbildung und berät das zuständige Ministerium bei der Entwicklung von Kriterien für die Erstellung der Weiterbildungsstatistik. Qualitätssicherung wird dort demnach offenbar in einem sehr engen Kontext mit dem quantitativen Nachweis von Bildungsleistungen gesehen.

7.4 Regelungen in anderen europäischen Staaten

7.4.1 Österreich

Ähnlich wie in Deutschland ist in Österreich eine Vielzahl von gebräuchlichen Qualitätsmanagementverfahren im Einsatz (z. B. ISO, EFQM, LQW). Zusätzlich haben einige Bundesländer eigene Qualitätsregelungen installiert (z. B. Niederösterreich, Oberösterreich, Salzburg und Wien). Um im Geflecht unterschiedlicher Modelle mehr Transparenz zu schaffen, wurde im Auftrag des Bundesministeriums für Unterricht, Kunst und Kultur (BMUKK) ein bundesweiter Qualitätsrahmen entwickelt, das Ö-Cert (Gruber und Schlögl 2011). Rechtliche Basis für dieses Modell ist eine Vereinbarung zwischen den Ländern und dem Bund gemäß § 15a Bundesverfassungsgesetz.

Alle in Österreich tätigen Erwachsenenbildungseinrichtungen können sich um die Aufnahme in den Qualitätsrahmen bewerben. Die Bewerbung ist erfolgreich, wenn die geforderten Grundvoraussetzungen erfüllt sind und der Antragsteller über ein anerkanntes Qualitätsmanagementverfahren verfügt. Die Bewerbung läuft über eine vom BMUKK finanzierte Geschäftsstelle, die Verleihung des Ö-Cert wiederum erfolgt durch eine unabhängige Akkreditierungsgruppe.

Dabei gelten vier Grundvoraussetzungen:

- allgemeine Grundvoraussetzungen (z. B. muss der Antragsteller überwiegend Erwachsenenbildung anbieten),
- organisationsbezogene Grundvoraussetzungen (z. B. muss mindestens ein Angebot in Österreich verfügbar sein, die Leitung oder zumindest ein/e Mitarbeitende/r über eine pädagogisch fundierte Aus- bzw. Weiterbildung und eine zweijährige einschlägige Berufspraxis verfügen),
- angebotsbezogene Grundvoraussetzungen (z. B. muss das Bildungsangebot grundsätzlich öffentlich sein, keine Produktschulungen, keine reine Sportausübung),
- Grundvoraussetzungen hinsichtlich ethischer und demokratischer Prinzipien (z. B. Diskriminierungsverbot, offener Zugang zu den Bildungsangeboten).

Zu den anerkannten Qualitätsmanagementverfahren zählen die bekannten Modelle (z. B. ISO, EFQM, LQW, QVB) sowie die Qualitätssiegel der Länder. Die Liste der anerkannten Verfahren kann nach Antrag und Prüfung erweitert werden. Verlangt wird die Erfüllung von Grundcharakteristika wie externe Begutachtung, Weiterbildungsbezug, Befristung des Zertifikats, expliziter Qualitätsbegriff und Entwicklungsbezug. Die vollständige Liste inklusive der ausführlichen Beschreibung von Grundvoraussetzungen ist über die Internetseite von Ö-Cert frei zugänglich (www.oecert.at).

Seit der Inkraftsetzung dieser Regelung im Jahre 2011 sind die Grundvoraussetzungen weiter präzisiert worden. Im Besonderen wurde der Begriff „Erwachsenenbildung" gegenüber Freizeitangeboten, Esoterik und Therapie abgegrenzt (Gruber et al. 2015). Darüber hinaus erfuhren auch die Anforderungen an eine pädagogische Mindestqualifikation, die Einbeziehung von Nebenstellen und die Abgrenzung von Produktschulungen Klarstellungen.

7.4.2 Schweiz

Schon seit der Jahrtausendwende existiert in der Schweiz ein Kanton übergreifendes Qualitätslabel, eduQua (vgl. Jermann 2004). Es wurde gemeinsam mit den Kantonen und dem Schweizerischen Verband für Erwachsenenbildung (SVEB) vom Bundesamt für Berufsbildung und Technologie sowie dem Staatssekretariat für Wirtschaft entwickelt und 2000 installiert. Heute sind über 1000 Einrichtungen gelistet, die nach diesem Verfahren zertifiziert wurden.

Grundlage für die Zertifizierung ist ein von der Einrichtung beizubringendes Dossier, das dezidierte Aussagen zu den folgenden Merkmalsbereichen enthält:

- Bildungsangebote, die den Bildungsbedarf und die Bildungsbedürfnisse der Kundinnen und Kunden befriedigen,
- Darstellung der Bildungsangebote, der Bildungsinstitution und deren Leitideen, die den Grundsatz der Transparenz erfüllt,
- Ausbildung, die Lernen ermöglicht, fordert, fördert und Lernerfolge vermittelt,
- Ausbildende, die über hohe fachliche und methodisch-didaktische Kompetenz verfügen,
- Vereinbarungen und Versprechen, die überprüft und eingehalten werden, sowie eine kontinuierliche Qualitätsentwicklung,
- Führung, die kundenorientierte, ökonomische, effiziente und effektive Leistungen sicherstellt (EduQua 2012, S. 7).

Dieses Dossier wird mit den übrigen Antragsunterlagen bei einer der anerkannten Zertifizierungsstellen eingereicht und stellt die grundlegende Basis für die Bewertung dar. Ein Audit vor Ort liefert weitere Erkenntnisse, die in das Gesamturteil zur Zertifizierung einfließen. Bei Vorliegen der Voraussetzungen wird das Zertifikat mit einer Gültigkeitsdauer von drei Jahren verliehen.

Der Wert dieses Labels besteht zum einen in einem besseren Image für Kunden und den damit verbundenen Marktvorteilen, zum anderen verlangen auch in der Schweiz immer mehr öffentliche Stellen eduQua als Voraussetzung für die öffentliche Förderung von Weiterbildungseinrichtungen.

7.5 Zur Reflexion

- Vergleichen Sie die Schweizer Regelung mit der österreichischen. Arbeiten Sie Unterschiede und Gemeinsamkeiten heraus.
- Wie unterscheiden sich das Fernunterrichtsschutzgesetz und die Qualitätspolitik im Rahmen des SGB III prinzipiell voneinander?
- Ist das Vorhandensein einer QM-Regelung bei Weiterbildungseinrichtungen ein hinreichendes Kriterium zur Erlangung von öffentlichen Fördermitteln?

7.6 Literaturtipps

- Gruber, E. (Hrsg.). (2011). Qualität ist kein Zufall. Zwischen Rhetorik und Realität von Qualitätsmanagement [Themenheft]. *Magazin erwachsenenbildung. at, 5*(1, Nr. 12). http://www.erwachsenenbildung.at/magazin11-12/meb11-12. pdf. Zugegriffen: 11. Sept. 2018.

Literatur

Bilger, F., & Gnahs, D. (2013). E-Learning und Fernunterricht als übergreifende Lernformen. In F. Bilger, D. Gnahs, J. Hartmann, & H. Kuper (Hrsg.), *Weiterbildungsverhalten in Deutschland. Resultate des Adult Education Survey 2012* (S. 289–301). Bielefeld: Bertelsmann. https://www.die-bonn.de/doks/2013-weiterbildungsverhalten-01. pdf. Zugegriffen: 12. Sept. 2018.

Bonnaire, I. (2006). Europäische Ansätze in der Qualitätssicherung. In Arbeitsgruppe „Qualitätssicherung von beruflicher Aus- und Weiterbildung" (Hrsg.), *Qualitätssicherung beruflicher Aus- und Weiterbildung. Ergebnisse aus dem BIBB* (S. 115–128). Bonn: BIBB. https://www.bibb.de/dokumente/pdf/wd_78_qualitaetssicherung.pdf. Zugegriffen: 12. Sept. 2018.

Borowiec, T., Mettin, G., & Zöller, M. (2014). *Checkliste. Qualität beruflicher Weiterbildung* (4. aktual. Aufl.). Bonn: BIBB. https://www.bibb.de/veroeffentlichungen/de/publication/download/7557. Zugegriffen: 12. Sept. 2018.

Brandenburg, P. (2005). Qualitätskriterien für die Begutachtung und Zulassung von Lehrgängen nach dem Fernunterrichtsschutzgesetz. *Berufsbildung in Wissenschaft und Praxis 34*(2), 42–46. urn:nbn:de:0035-bwp-05242-8. Zugegriffen: 12. Sept. 2018.

Broek, S., & Buiskool, B.-J. (2013). *Developing the adult learning sector. Quality in the adult learning sector (Lot 1)*. Final report (Open Call for tender EAC/26/2011). Zoetermeer: Panteia. https://oe-cert.at/media/Enquete2016/Study_quality_Broek_Buiskol_2013.pdf. Zugegriffen: 12. Sept. 2018.

DIE – Deutsches Institut für Erwachsenenbildung Leibniz-Zentrum für Lebenslanges Lernen. (2006). *Wie finde ich die richtige Weiterbildung? Qualitätskriterien, Tipps und Adressen. Checkliste für Weiterbildungsinteressierte.* Bonn: DIE. https://www.die-bonn. de/esprid/dokumente/doc-2006/die06_01.pdf. Zugegriffen: 12. Sept. 2018.

EduQua. (2012). *Handbuch eduQua: 2012. Information über das Verfahren. Anleitung zur Zertifizierung.* Zürich: EduQua. https://alice.ch/fileadmin/Dokumente/Qualitaet/eduQua/de/eduQua_Handbuch_2012.pdf. Zugegriffen: 12. Sept. 2018.

Europäisches Parlament und Rat. (2009). Empfehlung des Europäischen Parlaments und des Rates vom 18. Juni 2009 zur Einrichtung eines europäischen Bezugsrahmens für die Qualitätssicherung in der beruflichen Aus- und Weiterbildung (2009/C 144/01). *Amtsblatt der Europäischen Union 08.07.2009.* https://eur-lex.europa.eu/legal-content/DE/TXT/PDF/?uri=CELEX:32009H0708(01)&from=DE. Zugegriffen: 12. Sept. 2018.

Faulstich, P., Gnahs, D., & Sauter, E. (2003). *Qualitätsmanagement in der beruflichen Weiterbildung: ein Gestaltungsvorschlag.* Gutachten im Auftrag von: Gewerkschaft Erziehung und Wissenschaft (GEW), IG Metall, Vereinte Dienstleistungsgewerkschaft (ver.di). Berlin: GEW. http://www.netzwerk-weiterbildung.info/upload/m3f83f6bd86588_verweis1.pdf. Zugegriffen: 12. Sept. 2018.

Gnahs, D. (1998). *Vergleichende Analyse von Qualitätskonzepten in der Weiterbildung* (Reihe: Materialien des Instituts für Entwicklungsplanung und Strukturforschung, Bd. 164). Hannover: Institut für Entwicklungsplanung und Strukturforschung.

Gnahs, D., & Krug, P. (2018). Qualität in der Weiterbildung. In P. Krug & E. Nuissl (Hrsg.), *Praxishandbuch WeiterbildungsRecht [Loseblattsammlung] (Stand: August 2018)* (Kapitel 6.0 S. 1–60). Köln: Wolters Kluwer.

Gruber, E., & Schlögl, P. (2011). Das Ö-Cert – Ein bundesweiter Qualitätsrahmen für die Erwachsenenbildung in Österreich. *Magazin erwachsenenbildung.at, 5*(1, Nr. 12), 2/1–2/11. https://erwachsenenbildung.at/magazin/11-12/meb11-12.pdf. Zugegriffen: 13. Sept. 2018.

Gruber, E., Gnahs, D., & Ribolits, E. (2015). Qualitätsrahmen Ö-Cert zieht klare Grenzen zu Therapie, Freizeitgestaltung und Esoterik. *Magazin erwachsenenbildung.at, 9*(1, Nr. 24), 10/1–10/8. http://erwachsenenbildung.at/magazin/15-24/10_gruber_gnahs_ribolits.pdf. Zugegriffen: 13. Sept. 2018.

Jermann, R. (2004). eduQua: Das Label für Qualität in der Weiterbildung. In C. Balli, E. M. Krekel, & E. Sauter (Hrsg.), *Qualitätsentwicklung in der Weiterbildung – Wo steht die Praxis?* (Reihe: Berichte zur beruflichen Bildung, Bd. 262, S. 123–135). Bielefeld: Bertelsmann.

KMK – Konferenz der Kultusminister. (1994). *Dritte Empfehlung der Kultusministerkonferenz zur Weiterbildung (Beschluß der Kultusministerkonferenz vom 02.12.1994)*. Bonn: Sekretariat der ständigen Konferenz der Kultusminister der Länder in der Bundesrepublik Deutschland.

KMK – Konferenz der Kultusminister. (2001). *Vierte Empfehlung der Kultusministerkonferenz zur Weiterbildung (Beschluss der Kultusministerkonferenz vom 01.02.2001)*. Bonn: Ständige Konferenz der Kulturminister. https://www.kmk.org/fileadmin/Dateien/veroeffentlichungen_beschluesse/2001/2001_02_01-4-Empfehlung-Weiterbildung.pdf. Zugegriffen: 11. Sept. 2018.

Kommission der Europäischen Gemeinschaften. (2000). *Memorandum über Lebenslanges Lernen. SEK(2000) 1832*. Brüssel: Kommission der Europäischen Gemeinschaften. https://www.hrk.de/uploads/tx_szconvention/memode.pdf. Zugegriffen: 13. Sept. 2018.

Kommission der Europäischen Gemeinschaften. (2006). *Erwachsenenbildung: Man lernt nie aus. KOM(2006) 614*. Brüssel: Kommission der Europäischen Gemeinschaften. https://eur-lex.europa.eu/LexUriServ/LexUriServ.do?uri=COM:2006:0614:FIN:DE:PDF. Zugegriffen: 13. Sept. 2018.

Kommission der Europäischen Gemeinschaften. (2007). *Aktionsplan Erwachsenenbildung. Zum Lernen ist es nie zu spät. KOM(2007) 558*. Brüssel: Kommission der Europäischen Gemeinschaften. https://eur-lex.europa.eu/LexUriServ/LexUriServ.do?uri=COM:2007:0558:FIN:DE:PDF. Zugegriffen: 13. Sept. 2018.

Nuissl, E. (1995). Qualität und Markt. Pädagogische Kommentierungen zu den Aufgeregtheiten der Qualitätsdebatte. In K. Meisel (Hrsg.), *Qualität in der Weiterbildung. Dokumentation DIE-Kolloquium 1995* (Reihe: DIE-Materialien für Erwachsenenbildung, Bd. 3, S. 8–20). Frankfurt: DIE.

Töpper, A. (2004). Aufgaben und Struktur von Bildungstests. In C. Balli, E. M. Krekel, & E. Sauter (Hrsg.), *Qualitätsentwicklung in der Weiterbildung – Wo steht die Praxis?* (Reihe: Berichte zur beruflichen Bildung, Bd. 262, S. 89–94). Bielefeld: Bertelsmann.

Vennemann, M. (2000). Qualitätssicherung von Fernunterrichtsangeboten. In F. Küchler & K. Meisel (Hrsg.), *Herausforderung Qualität. Dokumentation der Fachtagung „Qualitätssicherung in der Weiterbildung" vom 2.–3. November 1999* (S. 121–125). Frankfurt: DIE. https://www.die-bonn.de/esprid/dokumente/doc-2001/kuechler_meisel01_01.pdf. Zugegriffen: 13. Sept. 2018.

Kriterien zur Beurteilung von Qualitätskonzepten

8

Eine Weiterbildungseinrichtung, die heute vor der Frage steht, ob sie ein Qualitätskonzept erarbeiten und einführen will, hat die „Qual der Wahl". Es gibt inzwischen rund zehn Grundtypen von Qualitätskonzepten, dazu unzählige institutionelle Varianten. Um die Orientierung zu erleichtern, werden im Folgenden zehn Kriterien benannt, mit denen die Eignung von Qualitätskonzepten abgeschätzt werden kann (vgl. auch Gonon et al. 2001).

8.1 Kriterien

Qualitätsverständnis Es gilt herauszufinden, was in dem jeweiligen Qualitätskonzept unter Qualität verstanden wird. Ist Qualität z. B. eher eine formale Kategorie, oder wird sie von der Kundin bzw. dem Kunden definiert? Schließlich ist zu fragen, ob auch ein professionelles Selbstverständnis Teil des Qualitätsbegriffes ist.

Wirkungsbereich des Qualitätskonzepts Qualitätskonzepte können alle Bereiche einer Weiterbildungseinrichtung abdecken (Total Quality Management), sie können sich aber auch auf einen Teilbereich (z. B. die Veranstaltungsqualität) beschränken. Je nachdem, wie weit die Einrichtung einen Qualitätsentwicklungsprozess treiben will, ist es entscheidend zu wissen, welchen Wirkungsbereich das Qualitätskonzept besitzt.

Stärken-Schwächen-Analyse Es ist zu fragen, ob das Qualitätskonzept Vorschub für eine „ehrliche Bestandsaufnahme" leistet, die sowohl die Stärken als auch die Schwächen der Einrichtung benennt. Die Weiterbildungseinrichtung muss also prüfen, ob die ins Auge gefassten Qualitätskonzepte geeignet sind, Impulse zur Reflexion zu geben und innovative Prozesse in Gang zu setzen.

Entwicklungsbezug Bei diesem Kriterium geht es darum herauszufinden, in welchem Maße das Qualitätskonzept auf einen kontinuierlichen Entwicklungsprozess setzt oder eher auf eine kurzfristige Anstrengung zum Erreichen eines Zwischenziels. Ist Qualitätsentwicklung eine Daueraufgabe, die die Ergebnisse der Vorperiode konstruktiv in die Planung und Gestaltung der Gegenwart einfließen lässt, oder ist das Qualitätskonzept „projektartig" organisiert?

Partizipation Qualitätskonzepte unterscheiden sich danach, in welchem Maß sie die am Weiterbildungsprozess Beteiligten in die Entwicklungsarbeiten einbeziehen. So ist zu fragen, ob die haupt- und nebenberuflich Beschäftigten, die Teilnehmenden und die übrigen Geschäftspartnerinnen bzw. -partner einbezogen sind und konstruktive Beiträge zur Entwicklung der Einrichtung leisten können und sollen.

Außenwirkung Qualitätsentwicklung wird vor allem betrieben, um die angebotenen Weiterbildungsveranstaltungen und Beratungsleistungen zu verbessern. Sie sollen für die Teilnehmenden und Ratsuchenden Nutzen stiften und ein realer Gegenwert für die erhobenen Entgelte sein. Deshalb ist zu fragen, ob das jeweilige Qualitätskonzept die Anstrengungen der Einrichtungen für Externe nachvollziehbar und erkennbar macht.

Handhabbarkeit Die Einführung eines Qualitätskonzepts verursacht Aufwand in der Einrichtung. An erster Stelle zu nennen sind die Beanspruchung der Mitarbeiterinnen und Mitarbeiter für konzeptionelle Arbeiten. Aber auch Material- und Sachaufwand, mögliche Kosten für externe Beraterinnen und Berater sowie für Prüfvorgänge bzw. Zertifizierung müssen berücksichtigt werden. Es ist daher vorab zu klären, ob der erwartete Aufwand auch tatsächlich zu leisten ist, ob die finanziellen und personellen Ressourcen ausreichen, um den absehbaren Entwicklungsprozess durchzustehen. Eine realistische Betrachtung der Machbarkeit ist schon deshalb wünschenswert, weil der Abbruch eines solchen Prozesses im Regelfall schädlicher ist, als ihn gar nicht erst anzufangen.

Kompatibilität Viele Weiterbildungseinrichtungen sind im Rahmen ihrer Tätigkeit mit Qualitätsanforderungen konfrontiert, die von Externen gesetzt werden. Im Besonderen sind an dieser Stelle zu nennen die Qualitätsanforderungen der Bundesagentur für Arbeit, die als direkter oder indirekter Finanzier von vielen

Weiterbildungseinrichtungen bedeutsam ist. Hinzu kommen die Anforderungen aus Ländergesetzen oder anderen Förderregelungen. Für die Weiterbildungseinrichtung ist es hilfreich, wenn ihr eigenes Qualitätskonzept möglichst kompatibel mit diesen externen Vorgaben ist, um Doppelarbeit und Inkonsistenzen zu vermeiden.

Unterstützung Einige Qualitätskonzepte sind von vornherein so angelegt, dass sie nur mit externer Unterstützung zu bewältigen sind. Andere sind in dieser Hinsicht einfacher und ermöglichen der Weiterbildungseinrichtung einen weitgehend selbst gesteuerten Prozess. In diesem Fall bietet es sich an, auf entsprechende schriftliche Unterlagen oder bspw. Netzwerke zum Erfahrungsaustausch zurückzugreifen. Die Inanspruchnahme von externen Supportstrukturen ist insbesondere dann hilfreich, wenn der Qualitätsentwicklungsprozess ins Stocken gerät.

Vorarbeiten Die meisten Weiterbildungseinrichtungen haben in ihrer Praxis durchaus schon qualitätsrelevante Maßnahmen ergriffen, auf die aufgebaut werden kann. Kaum eine Einrichtung fängt bei null an. Insofern empfiehlt es sich, auf ein Qualitätskonzept zurückzugreifen, das möglichst viele dieser Vorarbeiten integrieren kann. Dies vermindert den Aufwand und erhöht die Akzeptanz bei den Beschäftigten und Teilnehmenden.

Mit diesen Kriterien soll eine möglichst rationale Entscheidung für das eine oder andere Qualitätskonzept ermöglicht werden. Ein Entscheidungsautomatismus kann allerdings nicht erreicht werden.

8.2 Zur Reflexion

- Sehen Sie Zielkonflikte bei der Anwendung der Kriterien?
- Bitte ordnen Sie die Kriterien nach Wichtigkeit und begründen Sie die Rangreihe.
- Vergleichen Sie anhand dieser Kriterien zwei QM-Konzepte Ihrer Wahl.
- Sind diese Kriterien bei allen Bildungseinrichtungen gleichermaßen relevant? Vergleichen Sie eine Hochschule und eine Weiterbildungseinrichtung.

Literatur

Gonon, P., Hügli, E., Landwehr, N., Ricka, R., & Steiner, P. (2001). *Qualitätssysteme auf dem Prüfstand. Die neue Qualitätsdiskussion in Schule und Bildung. Analyse und Perspektiven* (3., aktual. Aufl.). Aarau: Bildung Sauerländer.

Qualitätsmanagement und Organisationsentwicklung 9

Ein umfassend verstandener Qualitätsentwicklungsprozess – z. B. im Sinne des Total Quality Managements – setzt vielfältige Impulse frei, die sich auf das Leitbild einer Einrichtung, auf die Optimierung von Abläufen, auf Fragen der Zuständigkeit und auf Fragen der Außenwirkung richten können. Qualitätsentwicklung kann so zum Motor einer Umstrukturierung der gesamten Einrichtungen und werden und laufende Qualitätsverbesserungen zum Antrieb einer gezielten Organisationsentwicklung (vgl. ausführlich Gnahs 2007).

Schon definitorisch haben Qualitätsmanagement und Organisationsentwicklung als Gestaltungsaufgabe einen nicht unerheblichen Überschneidungsbereich. Unter Qualitätsmanagement wird die systematische und geplante Steuerung und Kontrolle aller für die Produkt- bzw. Dienstleistungsqualität relevanten Prozesse im Unternehmen durch die Leitung bzw. Führungsebene verstanden (vgl. Käfer et al. 2001, S. 79–80; Thombansen et al. 1994). Demgegenüber wird Organisationsentwicklung beschrieben als „ein neuer Weg zur Entwicklung von Organisationen … mit dem Ziel einer aktiven und flexiblen Anpassung an die Herausforderungen einer sich ständig wandelnden Umwelt. Es ist eine Entwicklung im Sinne höherer Wirksamkeit der Organisation und größeren Arbeitszufriedenheit der beteiligten Menschen" (Becker und Langosch 1995, S. 2; ähnlich: Geissler 2000, S. 111–120; Hörmann 2002, S. 28–29).

Beide Bereiche setzen auf proaktives Handeln und haben letztlich zum Ziel, die Leistungen der Organisation in definierten Teilbereichen bzw. insgesamt zu verbessern bzw. wettbewerbsfähiger zu machen. Die Unterschiede finden sich mit Blick auf die dezidierte Rolle der Leitung beim Qualitätsmanagement und der angestrebten höheren Arbeitszufriedenheit aller Beschäftigten bei der Organisationsentwicklung. Dieser Gegensatz löst sich bei genauerer Betrachtung jedoch auf, wenn einige Qualitätsmanagementkonzepte näher betrachtet werden.

Das EFQM-Modell beinhaltet ein umfassendes Qualitätsverständnis. Zentrale Zielsetzung ist die Bestleistung, die Marktführerschaft oder zumindest ein Spitzenplatz (business excellence). Eine indikatorengestützte Selbstdiagnose (self assessment) und der kennzifferngestützte Vergleich mit anderen Unternehmen bzw. Einrichtungen (benchmarking) sind die Schlüsselelemente des Verfahrens. Einbezogen in die Analyse sind neun Bereiche: Führung, Mitarbeiterorientierung, Strategie, Ressourcen, Prozesse, kundenbezogene, mitarbeiterbezogene und gesellschaftsbezogene Ergebnisse sowie Schlüsselergebnisse.

Diese Kurzbeschreibung macht zweierlei deutlich: Die Ausrichtung des Ansatzes zielt auf umfassende Organisationsentwicklung und bezieht die Mitarbeiterzufriedenheit ausdrücklich als zentrale Komponente ein. In einem Punkt geht dieser Ansatz sogar weit über die OE-Dimension hinaus, wenn nicht nur die Anpassung an die sich wandelnde Umwelt erfolgen soll, sondern aktives verantwortliches Tun, also Mitgestaltung der Gesellschaft, als Handlungsfeld eingeführt wird.

Auch das Qualitätsmanagement nach der Normenreihe ISO 9000ff. hat – besonders nach seinen Überarbeitungen – einen deutlich stärkeren Akzent in Richtung Organisationsentwicklung bekommen. In der Forderungsnorm 9001 sind z. B. die folgenden Ansprüche an die zu zertifizierende Einrichtung formuliert (vgl. TÜV SÜD 2015, S. 3 f.; Zollondz 2011, S. 318):

- Beschreibung einer Unternehmenspolitik, aus der Ziele abgeleitet werden müssen;
- Einführung eines Prozessmanagements (prozessorientierter Ansatz);
- Einschätzen und strategisches Einbeziehen von Risiken;
- Management eines kontinuierlichen Verbesserungsprozesses.

Die vorgestellte Balanced Scorecard, ein primär für die gewerbliche Wirtschaft entwickeltes Verfahren, baut Qualitätsentwicklung in eine mehr oder weniger umfassende Unternehmensentwicklung ein oder nimmt sie als Impuls für eine solche in Anspruch (vgl. z. B. Gehringer und Michel 2000). Dies ist bei einem ähnlichen Ansatz wie Six Sigma ebenfalls der Fall (vgl. z. B. Magnusson et al. 2004).

Ein speziell für die Weiterbildung entwickeltes Verfahren ist die „Lernerorientierte Qualitätstestierung" (LQW), die, aufbauend auf Schweizer Erfahrungen mit dem „eduQua"-Konzept (vgl. Jermann 2004), in Deutschland weit verbreitet ist. Nach diesem Modell werden in einem Selbstreport Aussagen zu elf Qualitätsbereichen gemacht. Auf dieser Basis erfolgen die externe Begutachtung und Testierung. Bei einem Abschlussworkshop werden die strategischen Entwicklungsziele erörtert und vereinbart.

Dieses Konzept weist inhaltlich und verfahrenstechnisch viele Ähnlichkeiten mit den oben beschriebenen allgemeinen Ansätzen auf. Es ist zudem eindeutig auf Organisationsentwicklung ausgerichtet, was aus den Vorarbeiten der Autorinnen und Autoren geschlossen werden kann (vgl. Zech und Ehses 2001) und auch explizit im LQW-Handbuch zum Ausdruck gebracht wird: „Qualitätsmodelle dürfen … keine Zustände festschreiben, sondern sie müssen organisationales Lernen durch Erhöhung von Reflexionsfähigkeit unterstützen. … Aus diesem Grund ist das hier vorgeschlagene Qualitätsverfahren vor allem ein Entwicklungsmodell und nicht nur ein Prüfverfahren. Es geht bei der Qualitätsentwicklung darum, die Weiterbildungseinrichtungen auf ihrem Weg zu lernenden Organisationen zu fördern" (Zech 2004, S. 20). In einem aktuellen Wert akzentuiert Zech (2017) diese Ursprünge: „*Qualitätsentwicklung* impliziert immer ein Lernen auf beiden Seiten – der Organisation und der Personen –, ist also immer zugleich *Organisations-* und *Personalentwicklung*" (S. 105, Hervorhebungen i. Orig.).

Die vorangegangenen Ausführungen machen deutlich, dass sich eine unmittelbare Verknüpfung von Qualitätsmanagement und Organisationsentwicklung in den folgenden Bereichen im Regelfall herstellen lässt.

- Die Frage nach den Qualitätszielen leitet über zu den Einrichtungszielen und auch zum Leitbild der Einrichtung. Insofern führt die Qualitätsdiskussion geradewegs in die Erörterung des Selbstverständnisses und begründet bzw. reaktiviert eine Unternehmenskultur.
- Praktisch alle QM-Konzepte betonen die Verantwortung der Leitung für die Initiierung und Verstetigung der Qualitätsdiskussion. Dieser Imperativ wirft Fragen der Führungsstruktur und -praxis auf. Die Implementierung eines QM-Systems verlangt ein klares Bekenntnis zu dieser Aufgabe, die Motivierung der Mitarbeiterinnen und Mitarbeiter, das Leisten von Überzeugungsarbeit und den Mut, Neuerungen einzuführen. Diese Herausforderungen lassen sich häufig nur bewältigen, wenn der Führungsstil geändert wird und die Instrumente der Personalentwicklung vielfältiger werden.
- Das Funktionieren eines QM-Systems setzt voraus, dass die Aufbau- und die Ablauforganisation optimal auf diese Aufgabe abgestimmt sind. Im Regelfall gibt die Ist-Analyse im QM-Prozess den Anstoß zu Veränderungen, die zu Vereinfachungen, höherer Effektivität und zu mehr Effizienz führen.
- Die Einführung eines QM-Systems erfordert Mitarbeiterinnen und Mitarbeiter, die den sich daraus ergebenen Anforderungen gerecht werden. Bei der Bestandsaufnahme werden Schwachstellen entdeckt, aber auch aktivierbare Potenziale. Es werden Fragen der Personalentwicklung aufgeworfen und, damit im Zusammenhang stehend, Fragen der Mitarbeiterfortbildung.

- Mit QM-Aktivitäten werden auch Außenwirkungen intendiert, die zu einer veränderten Marketingstrategie führen können. Die Folgen können z. B. sein: mehr Kundenorientierung, mehr Bedarfsanalyse, ein einheitliches Corporate Design.
- Die Notwendigkeit, die gesetzten Qualitätsziele im Hinblick auf ihre Erreichung auch zu überprüfen, öffnet den Blick für die Evaluierung aller einrichtungsspezifischen Abläufe. Die Evaluation eingeleiteter Maßnahmen und das ständige Infragestellen bestehender Strukturen werden so zum Prinzip.

Die enge Verbindung beider Ansätze macht es in der Praxis schwer, Einzelaktivitäten dem einen oder anderen Ansatz zuzurechnen. Sie gehen bis zur „Unkenntlichkeit" ineinander über, vermischen sich. Zur Illustration sei hier ein Beispiel angeführt (vgl. Gnahs 1997, S. 96–99).

Die Stiftung Berufliche Bildung wurde 1982 auf Initiative der Hansestadt Hamburg gegründet, um einen kommunalen Beitrag zur Bekämpfung der Arbeitslosigkeit, im Besonderen auch der Jugendarbeitslosigkeit, zu leisten. Sie hatte demgemäß den Auftrag, Bildungs- und Sozialbenachteiligte zu qualifizieren, um ihnen neue Chancen auf dem ersten Arbeitsmarkt zu eröffnen.

Als sich Mitte der 1990er-Jahre die Arbeitssituation unter dem Kostendruck, der heterogener gewordenen Teilnehmergruppen und den gewachsenen Anforderungen immer schwieriger gestaltete, entschloss sich die Geschäftsführung, eine umfassende Neuorganisation der Einrichtung unter dem Gesichtspunkt der Qualitätssicherung vorzunehmen. Dem Konzept des Business Reengineering folgend, sollten alle betrieblichen Abläufe auf die Zielsetzungen der Einrichtung hin überprüft und infrage gestellt werden. Als Problemeinstieg wurde eine Kundenbefragung durchgeführt, die positive und negative Eindrücke sowie Vorschläge zu den folgenden Aspekten sammelte: Kundenorientierung, Serviceverbesserung, Qualitätssicherung, betriebsnahe Qualifizierung, Effizienzsteigerung und Kostensenkung.

Diese Ergebnisse und jene einer ebenfalls durchgeführten Mitarbeiterbefragung bildeten das Ausgangsmaterial der QM-Teams, die daraufhin konkrete Veränderungsvorschläge ausarbeiteten, mit zum Teil gravierenden Eingriffen in die bisherige Organisationsstruktur. Als Beispiele können genannt werden (vgl. Gnahs 1997, S. 98):

- Die Lernorganisation wurde weiter individualisiert und zu einem System des „Offenen Lernens" ausgebaut. Unterricht im Klassenverband wurde abgebaut, und den Lernenden wurden Möglichkeiten zu eigeninitiativem Lernen (z. B.

durch Medieneinsatz) eröffnet. Die Lehrenden übernahmen zunehmend die Rolle von Lernberatern.
- Hierarchien wurden abgebaut und selbstverantwortliche Teams gebildet, die sowohl inhaltliche als auch organisatorische Fragen regelten.
- Es wurden Strukturen geschaffen, die sicherstellen, dass Qualitätsverbesserungsprozesse kontinuierlich erfolgen. Sie sollten das, was die QM-Teams in der Startphase geleistet haben, verstetigen, indem Probleme analysiert und Lösungsvorschläge gemacht wurden.

Das Beispiel zeigt, dass die Initiative zur Qualitätsentwicklung zu einer umfassenden Restrukturierung der gesamten Einrichtungen führen kann, die tief greifende Veränderungen in der Aufbau- und Ablauforganisation zur Folge hat. Die deutlichen Worte des externen Beraters lauteten: „Qualitätsmanagement bedeutet, das Produzieren von Qualität zu systematisieren und zu organisieren. Plakativ ausgedrückt bedeutet QM: Qualität wird vom Glücksfall zum Normalfall" (zitiert bei Gnahs 1997, S. 99).

9.1 Zur Reflexion

- Wie gestaltet sich das Verhältnis von Profession und Organisation?
- Mit welchen Widerständen rechnen Sie, wenn Sie in Ihrer Einrichtung ein Business Reengineering wie im Beispiel durchführen?
- Welche Spannungen zwischen Qualitätsmanagement und Organisationsentwicklung sind zu beachten?

9.2 Literaturtipps

- Dollhausen, K., & Nuissl von Rein, E. (Hrsg.). (2007). *Bildungseinrichtungen als „lernende Organisationen"? Befunde aus der Weiterbildung*. Wiesbaden: Deutscher Universitäts-Verlag.
- Heinrich, M., Jähner, F., & Rhein, R. (2011). Effekte der Qualitätszertifizierung auf das Verhältnis von Profession und Organisation. *Magazin erwachsenenbildung.at* 5(12), 04/1–04/9. urn:nbn:de:0111-opus-74124. Zugegriffen: 1.10.2018.

Literatur

Becker, H., & Langosch, I. (1995). *Produktivität und Menschlichkeit. Organisationsentwicklung und ihre Anwendung in der Praxis* (4., erw. Aufl.). Stuttgart: Enke.

Gehringer, J., & Michel, W. J. (2000). *Frühwarnsystem Balanced Scorecard. Unternehmen zukunftsorientiert steuern; mehr Leistung, mehr Motivation, mehr Gewinn.* Düsseldorf: Metropolitan.

Geißler, H. (2000). *Organisationspädagogik. Umrisse einer neuen Herausforderung.* München: Vahlen.

Gnahs, D. (1997). *Handbuch zur Qualität in der Weiterbildung. Stand, Perspektiven, Praxis* (Reihe: Berufliche Bildung & Weiterbildung, Bd. 2, 2., unveränd. Aufl.). Frankfurt a. M.: GEW (Erstaufl. erschienen 1996).

Gnahs, D. (2007). Zielsetzung „Lernende Organisation": Qualitätsmanagement als Lernanstoß für Weiterbildungseinrichtungen. In K. Dollhausen & E. Nuissl von Rein (Hrsg.), *Bildungseinrichtungen als „lernende Organisationen"? Befunde aus der Weiterbildung* (S. 99–115). Wiesbaden: Deutscher Universitäts-Verlag.

Hörmann, M. (2002). *Vom kreativen Chaos zum professionellen Management. Organisationsentwicklung in Frauenprojekten.* Opladen: Leske + Budrich.

Jermann, R. (2004). eduQua: Das Label für Qualität in der Weiterbildung. In C. Balli, E. M. Krekel, & E. Sauter (Hrsg.), *Qualitätsentwicklung in der Weiterbildung – Wo steht die Praxis?* (Reihe: Berichte zur beruflichen Bildung, Bd. 262; S. 123–135). Bielefeld: Bertelsmann.

Käfer, R., Kohl, G., & Wagner, K. (2001). ISO 9000:2000-Prozessmodell. In K. W. Wagner (Hrsg.), *PQM – Prozessorientiertes Qualitäts-Management* (S. 80–91). München: Hanser.

Magnusson, K., Kroslid, D., & Bergmann, B. (2004). *Six Sigma umsetzen. Die neue Qualitätsstrategie für Unternehmen* (4., vollst. überarb. u. erw. Aufl.). München: Hanser (englisches Original erschienen 2003).

Thombansen, U., Laske, M., Possler, C., & Rasmussen, B. (1994). *Vertrauen durch Qualität. Qualitätsmanagement im Weiterbildungsunternehmen.* München: Neuer Merkur.

TÜV Süd Management Servive. (2015). *Qualität auf einen Blick. Zertifizierung nach DIN EN ISO 9001:2015.* München: TÜV Süd. https://www.tuev-sued.de/uploads/images/1448283809266222580763/broschuere-iso-9001.pdf. Zugegriffen: 1. Okt. 2018.

Zech, R. (2004). *Lernerorientierte Qualitätstestierung in der Weiterbildung. Das Handbuch* (2., unveränd. Aufl.). Hannover: Expressum (Erstaufl. erschienen 2003).

Zech, R., & Ehses, C. (2001). *Organisation und Zukunft.* Hannover: Expressum.

Zollondz, H.-D. (2011). *Grundlagen Qualitätsmanagement. Einführung in Geschichte, Begriffe, Systeme und Konzepte* (3., überarb. Aufl.). München: Oldenbourg.

Komponenten und Abläufe im Qualitätsmanagement

10

Die im Folgenden aufgeführten Schritte bei der Entscheidung zu einem Qualitätskonzept sind keinesfalls in jedem Fall zwingend, sondern ein Angebot, eine Anregung zum Handeln. Sie stellen die Quintessenz dar aus den Erfahrungen von Einrichtungen, die schon einen relativ weiten Weg hin zu einer aktiven und durchdachten Qualitätspolitik zurückgelegt haben. Sie sind auch ein Mittel, um Hindernisse und Schwierigkeiten zu überwinden, die bei der Einführung von QM-Systemen häufig auftreten: Angst vor Veränderung, vor Überlastung, vor Bedeutungsverlust, Widerstand gegen Reformen und Umstrukturierung, Unwissen und „Stimmungsmache".

10.1 Das 8-Schritte-Programm

1. *Information:* Ausgangspunkt für die Beschäftigung mit der Qualitätsfrage ist in jedem Fall eine Phase der Information. Die Beteiligten in der Weiterbildungseinrichtung versuchen über Literaturstudium, über die Befragung von Expertinnen und Experten, durch die Befragung von Einrichtungen, die bereits einen Qualitätsentwicklungsprozess hinter sich haben, und über andere Medien (z. B. Internet) die Grundinformationen über die verschiedenen Ansätze zur Qualitätsentwicklung zu gewinnen.
2. *Bestandsaufnahme:* Nach der groben Orientierung in der Qualitätsdiskussion kann die Weiterbildungseinrichtung eine Bestandsaufnahme vornehmen, die jene Strukturen und Abläufe erfasst, die qualitätsrelevant sind. Im Besonderen wird es darauf ankommen, ein Leitbild bzw. eine Zielvorstellung zu identifizieren und bestehende Evaluationsinstrumente und Evaluationsverfahren zu beschreiben. Im Regelfall werden die Einrichtungen überrascht sein, wie viele

qualitätsrelevante Aktivitäten auch ohne eine explizite Qualitätspolitik schon vorgenommen worden sind.
3. *Leitbilddiskussion:* Voraussetzung für eine zielgerichtete Qualitätspolitik ist das Vorhandensein eines Leitbildes, an dem sich die Weiterbildungsarbeit ausrichten kann. Insofern ist in diesem Schritt ein möglicherweise schon vorhandenes Leitbild auf seine Aktualität und Relevanz hin zu überprüfen bzw. ein neues Leitbild zu entwickeln.
4. *Abstimmung des Leitbildes mit externen Anforderungen:* Viele Weiterbildungseinrichtungen sind mit ihren Aktivitäten eingebunden in die Qualitätskonzepte z. B. von fördernden Einrichtungen. Im Besonderen sind hier die Bundesagentur für Arbeit oder Qualitätsvorstellungen, die in den Weiterbildungsgesetzen der Länder niedergelegt sind, gemeint. Es ist in jedem Fall hilfreich, diese externen Vorgaben in die Leitbilddiskussion einzubeziehen, um zu verhindern, dass konkurrierende Anforderungen entstehen, die im Regelfall zu Doppel bzw. Mehrarbeit führen.
5. *Festlegung von Verantwortlichkeiten:* Nach Bestandsaufnahme und Zieldiskussion geht es nun darum, das Qualitätskonzept in praktische Handlungsschritte umzusetzen. Zentrale Fragen sind bei dieser Umsetzung die Festlegung von Verantwortlichkeiten und die Entschärfung von Schnittstellen. Es muss geklärt werden, wer für was verantwortlich ist und an welchen Stellen unterschiedliche Organisationseinheiten bzw. Personen konstruktiv zusammenarbeiten müssen. So ist beispielsweise zu regeln, welche Arbeitsteilung zwischen Veranstaltungsdurchführung und Verwaltung vorgenommen wird. Gleichwohl ist zu regeln, welche Führungskräfte für welche Bereiche verantwortlich sind.
6. *Schlüsselprozesse regeln:* Es kann bei der Definition einer Qualitätspolitik nicht darum gehen, jede Kleinigkeit und jede Einzelheit detailliert zu regeln. Es kommt darauf an, dass die für den Einrichtungserfolg wesentlichen Prozesse ins Blickfeld geraten. Dazu gehören: die Curriculumentwicklung, die Teilnehmerberatung, die Veranstaltungsdurchführung, die Personalauswahl und das Fehlermanagement. Zu diesen Bereichen sollten die bereits bestehenden Regelungen auf ihre Güte und Praktikabilität hin geprüft werden, ungeregelte bzw. widersprüchlich geregelte Tatbestände sollten einer Neuregelung zugeführt und schließlich festgelegt werden, in welchen Bereichen Gestaltungsfreiheiten und Gestaltungsmöglichkeiten für die aktiv Handelnden gegeben sein sollen.
7. *Evaluation:* Es sollten Instrumente und Verfahren festgelegt werden, mit denen sich überprüfen lässt, ob und in welchem Grade die angestrebten Qualitätsziele tatsächlich erreicht werden. Hierbei geht es um prozessbegleitende und ergebnisbezogene Evaluationen. In diesem Zusammenhang

sind Evaluationsinstrumente wie z. B. Frage- oder Beobachtungsbögen zu entwickeln und Evaluationsverfahren wie z. B. Hospitation oder Befragung festzulegen.

8. *Rückkopplung der Evaluationsergebnisse:* Die Evaluationsergebnisse sind vor allem vor dem Hintergrund der Leitbilddiskussion und der Qualitätsziele zu bewerten. Unbefriedigende Zielerreichungsgrade sollten auf die ursächlichen Umstände überprüft werden. Entsprechend sind ggf. Änderungen bei der Regelung der Schlüsselprozesse, der Aufbauorganisation oder auch bei der Leitbildfestlegung vorzunehmen.

Die Qualitätsentwicklung ist also als Regelkreis angelegt, der im Prinzip kontinuierliche Bestandsaufnahmen und Bewertungen verlangt. Die Qualitätsentwicklung ist somit als Daueraufgabe zu sehen und nicht als ein in einem bestimmten Zeitraum abzuschließendes Projekt. Zentrale Anforderung der Qualitätspolitik in der Weiterbildung ist nicht das Einhalten von Standards, sondern das Nachdenken über ihre Gültigkeit, ihre Reichweite und Angemessenheit (Diskursorientierung).

In den folgenden beiden Kapiteln werden einige dieser Komponenten näher betrachtet. Zunächst geht es um die Evaluation als Schlüsselelement des Qualitätsmanagements. Es werden Verfahren und Methoden von Veranstaltungsevaluation, Einrichtungsevaluation und Systemevaluation vorgestellt. Anschließend wird ein genauerer Blick auf einige Schlüsselprozesse geworfen (z. B. Curriculumentwicklung, Personalmanagement, Festlegen der Qualitätspolitik). Dies geschieht praxisnah und über reflexionanregende Fragen und Beispiele.

10.2 Zur Reflexion

- Welche Widerstände sind bei der Einführung von QM-Systemen zu erwarten?
- Halten Sie eine Änderung der Schrittfolge bei der Implementierung für sinnvoll?
- Wie würden Sie als zuständiger QM-Beauftragter eine Informationsveranstaltung anlegen?
- Was macht Qualitätspolitik aus? Diskurs oder Standards einhalten?

10.3 Literaturtipps

- Grilz, W. (1998). *Qualitätssicherung in Bildungsstätten. Anleitung zur Erstellung eines Qualitätshandbuches* (Reihe: Grundlagen der Weiterbildung). Neuwied: Luchterhand.

Evaluation als Schlüsselelement des Qualitätsmanagements in Bildungseinrichtungen

Evaluation ist nicht nur eine zentrale Aufgabe im Ablauf der Qualitätsentwicklung, sondern auch Teil des professionellen Selbstverständnisses von Pädagoginnen bzw. Pädagogen und Andragoginnen bzw. Andragogen. Es geht darum, das eigene Tun auf den Prüfstand zu stellen und es zu reflektieren. Die Zielsetzungen evaluativer Anstrengungen bestehen in der Verbesserung des professionellen Handelns und in der Selbstkontrolle, ob die individuell und institutionell gesetzten Ziele auch tatsächlich erreicht werden. In diesem Sinne gehört Evaluation zum Traditionsbestand professionellen pädagogischen Handelns und besaß schon vor der Qualitätsdiskussion einen entsprechend hohen Stellenwert (vgl. z. B. Tietgens 1986; Gerl und Pehl 1983).

Darüber hinaus stehen fast alle Bildungsanbieter unter äußerem Legitimationsdruck: Die Fördermittelgeber verlangen Nachweise über die Nützlichkeit der Bildungsarbeit. Doch nicht nur das Begehren von außen führt zu Evaluationsaktivitäten. Im Zusammenhang mit der Qualitätsdiskussion in der Weiterbildung sind auch die Einrichtungen aus eigenem Antrieb bereit, sich zu überprüfen oder überprüfen zu lassen. Diese Überprüfung dient der Bestandsaufnahme, der Vergewisserung über Stärken und Schwächen, und ist die Initialzündung für die Einleitung von Veränderungsprozessen, die Schwächen zu Stärken machen oder Stärken ausbauen sollen.

11.1 Begrifflichkeiten und Grundlagen

Der Begriff Evaluation kommt aus dem englischen Sprachgebrauch, wird von „value" (Wert) abgeleitet und bedeutet Bewertung. Bevor die Evaluation in Beziehung mit der Weiterbildung auftrat, existierte sie schon als Programmevaluation. Hierbei wurden politische Programme (z. B. Vorsorgeuntersuchungsprogramme) auf ihre Effektivität und Effizienz in der Praxis überprüft und bewertet (vgl. Weiss 1974).

Reischmann (2003) bezeichnet Evaluation als das Erfassen und Bewerten von Prozessen zur Wirkungskontrolle, Steuerung und Reflexion im Bildungsbereich. Erfassen meint dabei explizites Handeln, das methodisch organisiert, überprüfbar und dokumentiert ist. Unter Bewerten wird der Vergleich des Ist-Zustandes mit den Zielen (Soll-Werten) verstanden (Reischmann 2003, S. 18–22). Die Untersuchung erfordert eine Dokumentation, da Evaluierung kein Selbstzweck ist, sondern konkrete Ziele verfolgt werden. Die Ziele müssen vorab systematisch definiert und festgelegt werden, um die richtigen Daten zu erheben. Nach Abschluss der Evaluation werden Entscheidungen getroffen und Veränderungen eingeleitet. Evaluation dient somit der Qualitätssicherung und -entwicklung.

11.1.1 Zwecke von Evaluationen

Mit der Evaluation können sehr vielfältige Ziele verfolgt werden, zu ihnen zählen:

- Qualitätsentwicklung,
- Planung,
- Steuerung,
- Erprobung/Modellversuch,
- Legitimierung politischen Handelns,
- Kontrolle/Wirkungssteigerung,
- Kostensenkung/Effizienzsteigerung.

Die mit der Evaluation verfolgten Ziele können bei den unterschiedlichen Beteiligtengruppen in Konflikt miteinander geraten. So kann z. B. der Fördermittelgeber an Kosteneffizienz interessiert sein und die Einrichtung an einer möglichst effektiven pädagogischen Arbeit.

11.1.2 Gegenstände von Evaluation

Im Prinzip lassen sich alle Handlungen bzw. Dienstleistungen oder Produkte evaluieren. Unterschieden werden können analytisch die ***Konzeptevaluation*** (Leitfragen: Sind die Zielgruppen bzw. Adressatinnen und Adressaten definiert? Ist das Konzept auf die Zielgruppe angepasst? Sind die Ziele definiert? Wie passend oder unpassend sind die Ziele?), die ***Strukturevaluation*** (Leitfragen: Welche Rahmenbedingungen gibt es? Wie tauglich sind die Bedingungen zur Zielerreichung?),

11.1 Begrifflichkeiten und Grundlagen

die *Prozessevaluation* (Leitfragen: Welche Umsetzungsbedingungen herrschen vor? Wie verläuft die Umsetzung? Wie dienlich ist der Prozess für die Zielerreichung?) und die *Ergebnisevaluation* (Leitfragen: Wurden die definierten Ziele erreicht? Was konkret wurde erreicht? Wie sind die erreichten Ergebnisse zu bewerten?) (vgl. auch Bortz und Döring 2006, S. 96 f.).

Bezogen auf die Weiterbildung sind folgende Evaluationsgegenstände üblich:

- das Weiterbildungssystem als Ganzes (Systemevaluation),
- ein Weiterbildungsgesetz (Gesetzesevaluation),
- Weiterbildungseinrichtungen (Einrichtungsevaluation),
- Weiterbildungsveranstaltungen (Veranstaltungsevaluation),
- einzelne Elemente von Veranstaltungen oder Einrichtungen (z. B. Personalevaluation, Evaluation der Lehrmaterialien).

11.1.3 Formen der Evaluation

In der Literatur werden unterschiedliche Formen von Evaluationen unterschieden (vgl. z. B. Götz 1993, S. 105–119; Bortz und Döring 2006, S. 95–136). Im Folgenden werden die gebräuchlichsten kurz vorgestellt. Grundlegend ist die Unterscheidung zwischen formativer und summativer Evaluation (vgl. Bortz und Döring 2006, S. 109–110; Götz 1993, S. 114–116). Während die formative Evaluation prozessbegleitend auch Zwischenstände ins Zentrum rückt und bewertet, steht bei der summativen Evaluation die Gesamtwirkung einer Maßnahme am Ende des Prozesses im Fokus. Beide Evaluationsformen können dabei sowohl Output als auch den Outcome oder eins der beiden in den Mittelpunkt der Betrachtung rücken.

Die formative Evaluation wird im Regelfall mit der Zielsetzung durchgeführt, aus den (Zwischen-)Ergebnissen Steuerungswissen zu gewinnen, das dann zur Verbesserung der laufenden Veranstaltung/Maßnahme eingesetzt werden kann. Es handelt sich also im Regelfall um eine Selbstevaluation, die von den Veranstaltungsleitungen oder Verantwortlichen der Weiterbildungseinrichtung organisiert wird. Das Landesinstitut für Schule und Weiterbildung Nordrhein-Westfalen (1996, S. 56) hat zehn Standards für Selbstevaluationsprozesse formuliert:

- Beteiligung aller Betroffenen,
- klare Zielsetzung des Evaluationsvorhabens,
- Vorabklärung der Durchführungsnormen,

- Stellen klarer und relevanter Fragen,
- handhabbare Methoden und handhabbarer Umgang mit den Methoden,
- Einbeziehen unterschiedlicher Sichtweisen,
- schnelle Rückmeldung an alle Beteiligten,
- ausreichend Zeit für die Auswertung,
- Dokumentation der Ergebnisse, Bewertung und Beschlüsse,
- Wiederholung der Evaluation bzw. regelmäßige Evaluation.

Die andragogische Literatur nennt vielfältige Methoden, mit denen je nach Teilnehmergruppe und Veranstaltungsart prozessbegleitend evaluiert werden kann (siehe unten, Abschn. 11.3). Zentraler Ausgangspunkt sollte bei allen Methoden sein, die Teilnehmenden und Lehrenden dazu anzuregen, über die Lernsituation, die Lernziele und die Unterrichtsmethoden kritisch nachzudenken.

Bei der Auswahl der Methode sind folgende Fragen zu klären:

- Welche Methode ist für die Veranstaltung bzw. die Teilnehmenden geeignet?
- In welchem Verhältnis stehen Aufwand und Ertrag der eingesetzten Methoden?
- Welche Aussagekraft haben die Ergebnisse?
- Wie werden die Ergebnisse der Evaluation verarbeitet?

Die summative Evaluation zielt darauf, am Ende z. B. einer Bildungsmaßnahme den Erfolg bzw. die Wirksamkeit des Bildungsgeschehens festzustellen. Die dabei gewonnenen Erkenntnisse können bei erneuten Durchläufen der Maßnahme oder bei Neuplanungen berücksichtigt werden.

Die Erfolgsmessung unmittelbar nach der Maßnahme geschieht entweder leistungsbezogen (z. B. durch einen Test) oder über eine umfassende Einschätzung der Teilnehmenden. In Abstand zum Ende der Maßnahme ist eine nachgehende Ergebnisevaluation möglich, die im Regelfall durch eine Befragung der ehemaligen Teilnehmenden erfolgt. Zusätzlich können auch Dritte einbezogen werden (z. B. Kolleginnen bzw. Kollegen oder Vorgesetzte der Teilnehmenden). Die nachgehende Befragung zielt vor allem auf die Verwertbarkeit des Gelernten.

Im Unterschied zu Tests sind die üblichen Feedback-Befragungen am Ende eines Kurses umfassender: Sie stellen die Beurteilung des Lernerfolgs in das Urteil der Befragten und beziehen damit z. B. auch Verwertbarkeitsaspekte ein.

Eine andere gängige Unterscheidung besteht zwischen Input- und Outputevaluation. Während die Outputevaluation sich auf die Zwischenergebnisse und Ergebnisse bezieht, zielt die Inputevaluation darauf ab, ob die eingesetzten Faktoren (Personal, Lehrmittel, Räume etc.) bestimmte Eigenschaften (Standards) erfüllen, um so auf den späteren Erfolg schließen zu können. Mit der Inputevaluation wird also die Qualitätsfähigkeit untersucht.

Wesentlich ist auch die Differenzierung zwischen interner und externer Evaluation. Im ersten Fall führt die durchführende Einrichtung die Evaluierung in Eigenregie durch und setzt dafür hauseigenes Personal ein, im zweiten Fall wird eine andere (externe) Organisation (meist eine speziell auf Evaluationsaufgaben ausgerichtete Einrichtung) damit beauftragt. Der externen Evaluation wird gewöhnlich eine größere Distanz und damit auch eine größere Objektivität zugesprochen, sie kann aber auch „Feinheiten" und Eigenarten übersehen, die Insider erkennen würden. Zudem kostet sie Geld, während bei der internen Evaluation lediglich der Arbeitseinsatz der internen Evaluatorinnen und Evaluatoren zu berechnen ist.

In eine ähnliche Richtung zielt die Unterscheidung von Selbst- und Fremdevaluation. Bei der Selbstevaluation überprüfen die unmittelbar Betroffenen (z. B. Kursleitung und Teilnehmende) ihre Situation, bei der Fremdevaluation übernehmen Unbeteiligte, die allerdings aus der eigenen Einrichtung kommen können (z. B. kollegiale Hospitation), diese Aufgabe. Die Frage von Distanz und Nähe sowie Objektivität stellt sich dabei in gleicher Weise wie soeben beschrieben.

11.1.4 Evaluationsstandards

Evaluationen sind eine komplexe und oft auch heikle Angelegenheit. Evaluatorinnen und ggf. deren Auftraggeber haben oft andere Interessen als die Evaluierten, aber auch die Zusammenarbeit zwischen Evaluierende und deren Auftraggebern kann spannungsvoll und konfliktbehaftet sein. Deshalb ist eine Art Kodex für Evaluationen hilfreich: Die „DeGEval – Gesellschaft für Evaluation" hat diese Standards formuliert und veröffentlicht (DeGEval 2016) und dabei auf amerikanische Vorläufer Bezug genommen (vgl. JCSEE 1994; Yarbrough et al. 2011). Unterschieden werden vier Gruppen von Standards: Nützlichkeits-, Durchführbarkeits-, Fairness- und Genauigkeitsstandards.

Die Nützlichkeitsstandards dienen dazu, dass die Evaluation sich an den vorab definierten Zielsetzungen sowie an den Bedürfnissen der Beteiligten und Betroffenen ausrichtet. Dazu gehören:

- Identifikation der Beteiligten und Betroffenen,
- Klärung der Evaluationszwecke,
- Glaubwürdigkeit und Kompetenz der Evaluatorin bzw. des Evaluators,
- Auswahl und Umfang der Informationen,
- Transparenz von Werthaltungen,

- Vollständigkeit und Klarheit der Berichterstattung,
- Rechtzeitigkeit der Evaluation,
- Nutzen und Nutzung der Evaluation.

Die Durchführbarkeitsstandards zielen auf eine realistisch, kostenbewusst und klug geplante Evaluation. Dazu gehören:

- angemessene Verfahren,
- diplomatisches Vorgehen,
- Effizienz.

Fairnessstandards sollen den respektvollen und fairen Umgang mit den beteiligten und betroffenen Personen und Gruppen sichern. Dies schließt ein:

- formale Vereinbarungen,
- Schutz individueller Rechte,
- umfassende und faire Prüfung,
- unparteiische Durchführung und Berichterstattung,
- Offenlegung der Ergebnisse und Berichte.

Die Genauigkeitsstandards sollen sicherstellen, dass gültige Ergebnisse generiert und vermittelt werden. Dies umfasst:

- Beschreibung des Evaluationsgegenstandes,
- Kontextanalyse,
- Beschreibung von Zwecken und Vorgehen,
- Angabe von Informationsquellen,
- valide und reliable Informationen,
- systematische Fehlerprüfung,
- angemessene Analyse qualitativer und quantitativer Informationen,
- begründete Bewertungen und Schlussfolgerungen,
- Meta-Evaluation.

Das Ernstnehmen dieser Standards beeinflusst stark den Ablauf einer Evaluation, wie er im Folgenden prototypisch beschrieben wird.

11.2 Prototypischer Ablauf einer Evaluation

Der genaue Ablauf einer Evaluation ist abhängig von vielen Einflüssen und Unwägbarkeiten. Im Einzelfall werden deshalb Abweichungen vom prototypischen Verlauf möglich sein. Insofern können die nachfolgenden Ausführungen nur als Orientierung dienen und nicht als zwingende Vorgabe.

11.2.1 Erster Arbeitsschritt: Klärung von Rahmenbedingungen

Vor dem Beginn der Evaluierung werden die Rahmenbedingungen zwischen den Evaluatorinnen bzw. Evaluatoren und den Auftraggebern geklärt. Dies ist bei externen Evaluationen selbstverständlich, empfiehlt sich aber auch bei internen. Es muss vorab Klarheit herrschen über den zeitlichen Horizont, das zur Verfügung stehende Budget, das einzusetzende Personal und die Eingriffsmöglichkeiten in das reale Geschehen. Natürlich sind auch die Evaluationsabsicht und, damit verbunden, die inhaltliche Reichweite der Evaluation Gegenstand dieser ersten Abklärungsphase. An ihrem Ende steht das grundsätzliche Einvernehmen zwischen Evaluatorinnen bzw. Evaluatoren und Auftraggebern oder aber der Abbruch der Verhandlungen.

11.2.2 Zweiter Arbeitsschritt: Informieren von Beteiligten sowie Betroffenen und Motivierung zur Mitarbeit

Evaluationsarbeiten (z. B. Befragungen) stören oder behindern Arbeitsabläufe, die Evaluationsergebnisse können Interessen verletzen, Positionen schwächen, Umstrukturierungen und Veränderungen der Arbeitsabläufe nach sich ziehen. Evaluatorinnen und Evaluatoren bewegen sich also auf „vermintem Gelände". Gleichwohl sind sie auf die Mitarbeit der Beteiligten und Betroffenen angewiesen, sie werden als Unterstützende, Auskunftsgebende und Expertinnen bzw. Experten gebraucht. Eine ausführliche Information und eine weitgehende Einbindung in die Evaluationsabläufe schaffen Transparenz und Vertrauen und ermöglichen letztlich eine eher einvernehmliche Umsetzung der Schlussfolgerungen aus der Evaluation. Diese Einbindung birgt natürlich neben den beschriebenen Vorteilen auch Gefahren: Die Objektivität der Autorinnen bzw. Autoren kann leiden, die Abstimmungsprozesse sind konfliktanfällig und zeitaufwendig.

11.2.3 Dritter Arbeitsschritt: Explikation und Interpretation von Zielen

Nach der groben Abstimmung im ersten Schritt und der Einbeziehung der Beteiligten geht es nun darum, die Zielsetzungen im Dialog zu präzisieren. Um überprüfen zu können, ob eine Maßnahme, ein Programm, eine Einrichtung die gesteckten Ziele erreicht, müssen die Ziele klar definiert sein. Die Evaluatorinnen und Evaluatoren müssen mit den Verantwortlichen bzw. den Entscheidungsträgern abklären, was genau erreicht werden soll. Es müssen Sachverhalte und Indikatoren benannt werden, an denen die Zielerreichung abgelesen werden kann. Mit der Interpretation von Zielen ist gemeint, dass die Evaluatorinnen und Evaluatoren die Ziele der Maßnahmenverantwortlichen zu explizieren versuchen und so präzisieren, dass sie brauchbar sind, d. h., sinnvoll überprüft werden können. Die Wichtigkeit dieses Schrittes wird häufig unterschätzt: Evaluatorinnen und Evaluatoren nehmen ihre Zielpräzisierungen vor und stehen ggf. am Ende des Evaluationsprozesses vor Ergebnissen, die bei den Auftraggebern keine Akzeptanz finden.

11.2.4 Vierter Arbeitsschritt: Entwicklung eines Untersuchungsdesigns

Nachdem in den ersten drei Schritten die Zielsetzungen der Evaluation präzisiert wurden, geht es nun um die Entwicklung eines Untersuchungsdesigns nach den Regeln der empirischen Sozialforschung (vgl. z. B. Bortz und Döring 2006; Diekmann 2007) zu entwickeln, mit dem Erfolg versprechend analysiert werden kann, ob bzw. in welchem Grade die Ziele erreicht wurden. Es geht darum, Erhebungsmethoden auszuwählen (mündliche oder schriftliche Befragung etc.), Indikatoren bzw. Merkmale zu operationalisieren (Forschungsoperationen zu definieren, mit denen die Ausprägung des Merkmals zuverlässig erfasst werden kann), Erhebungsinstrumente (z. B. Fragebogen, Beobachtungsschemata) zu kreieren und ggf. zu testen, Befragungseinheiten festzulegen, Befragungsumfänge (z. B. Gesamterhebung, Stichprobe, Fallstudien) und die damit verbundene Aussagekraft der Ergebnisse zu klären. Von Fall zu Fall kann es sich bei diesen Arbeiten sogar anbieten, noch einmal eine Abklärung mit den Auftraggebern oder den Betroffenen vorzunehmen.

11.2.5 Fünfter Arbeitsschritt: Durchführung der Datenerhebungen

Die Durchführung der konzipierten Datenerhebungen schließt vielfältige Aktivitäten ein: u. a. Versand von Fragebögen, Organisieren von Interviewterminen, Rücklaufkontrolle, Umgang mit Ausfällen, Bearbeitung von Rückfragen. Die rückfließenden Daten werden auf Vollständigkeit und Plausibilität geprüft. Es muss zudem sichergestellt werden, dass gewonnene Daten sicher aufbewahrt werden.

11.2.6 Sechster Arbeitsschritt: Datenauswertung

Je nach Fragestellung wird die Auswertung mit einfacher Statistik auskommen oder aber auf die Methoden der schließenden Statistik zurückgreifen (vgl. z. B. Bortz 1999). Bei qualitativen Erhebungen z. B. in Form von Interviews oder Dokumenten geht der eigentlichen Auswertung zunächst eine Codierung voraus, oder aber es ist Interpretationsarbeit zu leisten. Die Befunde werden in Tabellen, Grafiken und Texte eingebunden und so um diese so weitergeben bzw. in Berichten verarbeiten zu können. Wichtig ist, die einzelnen Schritte der Datengewinnung, -auswertung und -interpretation transparent und nachvollziehbar zu dokumentieren (vgl. Flick et al. 2007).

11.2.7 Siebenter Arbeitsschritt: Berichtslegung

Die gewonnenen Befunde werden nun in Berichtsform umgesetzt. Dabei sind drei Schlüsselaufgaben zu erledigen:

- Aus allen Ergebnissen müssen jene ausgewählt werden, die in den Bericht aufgenommen werden sollen, weil sie mit Blick auf das Gesamtziel der Evaluation aussagekräftig sind.
- Die Ergebnisse müssen in einer überschaubaren und verständlichen Form dargeboten werden. Die Vorkenntnisse und das Sprachvermögen der Adressatinnen und Adressaten sind dabei wichtige Eckpunkte.
- Die Reichweite der Ergebnisse muss klar gemacht werden. Das bedeutet, dass methodische und inhaltliche Einschränkungen der Interpretation deutlich werden müssen.

11.2.8 Achter Arbeitsschritt: Vorstellung des Berichts und Diskurs

Den Auftraggebern und den Beteiligten sollte Gelegenheit gegeben werden, über die Ergebnisse mit den Autorinnen und Autoren des Berichts zu diskutieren. Dabei können Nachfragen gestellt, Missverständnisse ausgeräumt und Konsequenzen erörtert werden. Dieser Arbeitsschritt löst zudem das Versprechen ein, die Beteiligten und Betroffenen zu informieren. Es ist nicht unüblich, dass die Evaluatorinnen und Evaluatoren auch zu eigenen Vorschlägen als Konsequenz der Befunde aufgefordert werden.

Nach den grundlegenden Ausführungen in den Abschn. 11.1 und 11.2 wird in den nachfolgenden drei Abschnitten das Evaluationsgeschehen auf den drei Ebenen Veranstaltung, Einrichtung und System näher betrachtet. Vorgestellt werden vor allem Anregungen für Methoden und praktische Hinweise, die bei der Gestaltung des Evaluationsprozesses zu beachten sind.

11.3 Veranstaltungsevaluation

Die Evaluation von Veranstaltungen gehört, wie schon eingangs des Kapitels erwähnt, zum Traditionsbestand der Weiterbildung. Sie sind auch das zentrale Element der anderen Evaluationsebenen: Die Qualität von Weiterbildung zeigt sich letztlich in der Qualität der Weiterbildungsveranstaltungen.

Bei der Evaluation von Veranstaltungen geht es darum, den bisher erfolgten Lehr-Lern-Prozess in den Blick zu nehmen, seine Wirksamkeit und Qualität zu bestimmen und daraus Schlussfolgerungen für die weitere Lern-Lehr-Arbeit zu ziehen. Evaluation dient der Reflexion über den Lehr-Lern-Prozess.

Prinzipiell lassen sich auch hier zwei Möglichkeiten unterscheiden:

- prozess- bzw. veranstaltungsbegleitende (formativ) Evaluation,
- ergebnisbezogene bzw. nachgehende (summativ) Evaluation.

11.3.1 Anforderungen und Leitlinien

Für die veranstaltungsbegleitende Evaluation stellte Gerl (1983) schon recht früh Leitlinien und Methoden zusammen, die bis heute Aktualitätswert besitzen. Bei der Auswahl der Methoden ließ er sich von den folgenden Anforderungen leiten (Gerl 1983, S. 25–28):

- „Durch die Art und Weise der Evaluation soll der Gedanke der Selbstverantwortlichkeit der Teilnehmer für das eigene Lernen bewusstgemacht und hervorgehoben werden."
- „Durch die Art und Weise der Evaluation soll der Unterschied zwischen einem Beschreiben von Abläufen und Ergebnissen von Lernen und deren Bewerten bewusstgemacht werden."
- „Methoden der Evaluation sollen allen Beteiligten Zeit zur Besinnung, Gelegenheit zur Klärung und Vergegenwärtigung ihrer Beobachtungen und Empfindungen geben."
- „Methoden der Evaluation sollen allen Beteiligten dabei helfen, ihre Wahrnehmungen und Empfindungen auch ausdrücken zu können."
- „Methoden der Evaluation sollen allen Beteiligten dabei helfen, Ausdrucksmöglichkeiten auf einer (möglichst) breiten Skala von Medien zu entwickeln."
- „Methoden der Evaluation sollen dazu anregen, mögliche Lerngewinne auch in anderen Feldern als dem Feld des thematisierten Lerngegenstandes zu bedenken und auszusprechen."
- „Methoden der Evaluation sollen möglichst alle Beteiligten (auch den Kursleiter) aktiv in das Geschehen einbeziehen."

11.3.2 Methoden mit Einbezug der Teilnehmenden

Aus den weit über zwanzig Methoden, die Gerl vorstellt, seien hier einige ausgewählte mit ihren Vor- und Nachteilen präsentiert.

11.3.2.1 Methode 1: Sätze schreiben

Beschreibung Jedes Lerngruppenmitglied formuliert auf einem Blatt Papier in je einem Satz Antworten auf die Fragen „Was hat mir besonders gut gefallen?" und „Was hat mir nicht zugesagt?". Dafür werden 5–15 min Zeit eingeräumt. Die Antworten werden der Reihe nach verlesen und anschließend erörtert mit dem Ziel, Konsequenzen zu ziehen.

Voraussetzungen Verbalisierungsfähigkeit der Teilnehmenden, offenes Klima, überschaubare Gruppengröße und Zeit für Diskussion.

Vorteile Generierung eines breiten Spektrums von möglichen Problemen, Möglichkeit zur Problemlösung im Diskurs, Erzeugung schneller und manchmal unkonventioneller Lösungen und Gelegenheit zur gründlichen Reflexion.

Nachteile Tendenz zu sozial erwünschten Antworten, begrenzte Anonymität, Begünstigung von wortgewandten Personen und relativ hoher Zeitaufwand.

11.3.2.2 Methode 2: Blitzlicht

Beschreibung Jedes Lerngruppenmitglied formuliert mündlich spontan in ein oder zwei Sätzen, was es gerade in diesem Augenblick denkt oder empfindet. Alle Äußerungen werden ohne Zwischenkommentar aufgenommen und danach in der Gruppe erörtert.

Voraussetzungen Verbalisierungsfähigkeit der Teilnehmenden, überschaubare Gruppengröße und Offenheit, gutes Gruppenklima.

Vorteile keine großen Vorbereitungen nötig, häufig unvermutete Aussagen und Provokation unkontrollierter Äußerungen.

Nachteile keine Zeit zur Besinnung und Klärung der Position, nicht bei allen Zielgruppen einsetzbar und Hang zu improvisierten Antworten.

11.3.2.3 Methode 3: Gruppensituation malen

Beschreibung Jedes Gruppenmitglied erhält den Auftrag, die gegenwärtige Situation der Lerngruppe bildlich darzustellen. Danach stellt jede bzw. jeder das jeweilige Produkt vor und interpretiert es. Im Anschluss an diese Vorstellung wird das Ergebnis gemeinsam erörtert.

Voraussetzungen Vorhandensein von Malutensilien, offenes Klima/Vertrauen und Zeit für die Erörterung.

Vorteile Unkonventionelle Äußerungen möglich, andere Art der Reflexion und macht Spaß bzw. hat einen Erlebniswert.

Nachteile Häufig Teilnahmebarriere, Fähigkeit zur Interpretation von Bildern nötig und unkalkulierbare Verläufe möglich.

11.3 Veranstaltungsevaluation

In ähnlicher Weise lässt sich eine Diskussion anstoßen, wenn z. B. existierende Bilder, Karikaturen mit der Frage zur Auswahl gestellt werden, welche der Seminarsituation am nächsten kommt. Assoziationen lassen sich auch über andere Bilder, Begriffe, Gegenstände herstellen (z. B. Tiere, Pflanzen, Gebäude).

11.3.2.4 Methode 4: Partnerinterview

Beschreibung Die Lerngruppe teilt sich in Zweiergruppen auf, die sich jeweils etwa zehn Minuten lang gegenseitig interviewen. Die Themenstellung des Interviews (z. B. „Was hat mich am Seminarablauf gestört?") wird vorher festgelegt. Danach teilen die Lerngruppenmitglieder dem Plenum das mit, was sie von ihrer Interviewpartnerin bzw. ihrem Interviewpartner gehört haben. Die Ergebnisse werden gemeinsam erörtert und auf mögliche Konsequenzen hin abgeklopft.

Voraussetzungen Verbalisierungsfähigkeit der Teilnehmenden und überschaubare Gruppengröße.

Vorteile Keine großen Vorbereitungen nötig, auch sprechungewohnte Teilnehmende kommen zum Zuge und allmähliche Entwicklung der Gedanken im Gespräch möglich.

Nachteile Gute Verbalisierungsfähigkeit nötig, nicht bei allen Zielgruppen einsetzbar, Gefahr der Fehlinterpretation sowie von Missverständnissen und relativ zeitaufwendig.

11.3.2.5 Methode 5: Fragebogen

Beschreibung Die Teilnehmenden erhalten einen kurzen Fragebogen zum Seminarverlauf, den jede bzw. jeder für sich beantwortet. Der Fragebogen ist im Regelfall kurz und enthält die üblichen Fragen (Verständlichkeit des Unterrichts, Relevanz des Stoffes, Rahmenbedingungen etc.) in Form geschlossener Fragen zum Ankreuzen. Nach der Auswertung werden die Ergebnisse gemeinsam diskutiert.

Voraussetzungen Brauchbarer Fragebogen, Zeit für die Auswertung sowie Erörterung und Lesefähigkeit der Teilnehmenden.

Vorteile Gewohntes Verfahren/Übungseffekt, präzise Antworten, gute Auswertungsmöglichkeit und Herstellung von Vergleichbarkeit.

Nachteile Es wird nur das erfasst, was gefragt wird, und es ist ein relativ hoher Zeitaufwand nötig.

11.3.3 Selbstevaluation anhand didaktischer Prinzipien

Neben den klassischen Methoden der Veranstaltungsevaluation besteht auch die Möglichkeit, dass die Lehrenden nach jeder Unterrichtseinheit bzw. in bestimmten Abständen ihre Lehrpraxis bzw. den Ablauf des Seminars reflektieren. Die von Siebert (2006) genannten Prinzipien (siehe Abschn. 5.1 Veranstaltungsqualität) können dabei als Leit- und Orientierungslinien dienen. Sie sind Reflexionspunkte bei der Evaluierung wie auch bei der Planung von Bildungsprozessen (vgl. Siebert 2006, S. 93 ff.). Lehrende sollten sich z. B. die folgenden Fragen stellen:

- Ist der Unterricht an den Interessen der Teilnehmenden orientiert?
- Ist der Bildungsprozess ganzheitlich angelegt, wird die bzw. der Teilnehmende in ihrer bzw. seiner Gesamtpersönlichkeit angesprochen?
- Sind die Teilnehmenden durch den Unterricht aktiviert worden?
- Ist der Unterricht auf das Erreichen der gesetzten Lernziele ausgerichtet?
- Werden unterschiedliche Deutungen von Sachverhalten zugelassen, und wird versucht, die Deutungsunterschiede zu verstehen?
- Ist das Gelernte handlungsrelevant?
- Wird Raum gelassen für die Verständigung über das Vorgehen und über die Lernziele?
- Wird der Zeitplan eingehalten?
- Ist Platz für Emotionalität und Humor?
- Sind die Lerninhalte bzw. die Lernmaterialien noch aktuell?
- Wird die Möglichkeit gelassen, auch andere als die geplanten Lernziele zu erreichen?

Natürlich kann dieser oder ein ähnlicher Fragenkatalog auch genutzt werden, um mit den Teilnehmenden zusammen die Lehrveranstaltung zu bewerten, z. B., indem Lehrende und Teilnehmende parallel die genannten Fragen beantworten und sich anschließend über die Ergebnisse austauschen.

11.3.4 Evaluation der Veranstaltung bzw. der Lehre mithilfe eines professionellen Feedbacks

Die bzw. der Lehrende hat über das Teilnehmerfeedback und die Selbstreflexion hinaus auch die Möglichkeit, das Lehrhandeln von Dritten (Kolleginnen bzw. Kollegen, Vorgesetzten, Beratenden etc.) beurteilen zu lassen. In der Pädagogik haben dabei vorrangig zwei Ansätze Tradition und weite Verbreitung: Hospitation und Supervision.

Hospitation Bei der Hospitation wohnt bzw. wohnen eine oder mehrere fachlich qualifizierte Person(en) der Veranstaltung bei und bewerten sie anschließend. Idealerweise werden die Eindrücke und Einschätzungen an die Lehrenden zurückgespielt, um so Gelegenheit zur Reflexion und ggf. Revision des Lehrhandelns zu eröffnen. Die Hospitation kann im Einvernehmen mit den Lehrenden erfolgen oder aber z. B. durch Vorgesetzte angeordnet sein. Im letzten Fall dient sie häufig der Leistungsbewertung und entscheidet über Einstellung bzw. Weiterbeschäftigung. Die eigene Lehre lässt sich natürlich auch durch die Hospitation bei anderen Lehrenden anregen und verbessern. Der Erfolg der Hospitation hängt wesentlich davon ab, wie klar strukturiert sie vorbereitet ist und dass sie zeitnah ausgewertet wird.

Supervision Die Supervision ist eine Beratungsform, die ebenfalls der Reflexion und Verbesserung des beruflichen Handelns dient. Sie wird durch eine extra dafür ausgebildete bzw. geeignete Person in Einzel- als auch in Gruppenform durchgeführt. Eingebracht werden z. B. persönliche Erfahrungen, Konflikte, Unsicherheiten, tatsächliche oder konstruierte Fälle, die dann mit sehr unterschiedlichen Methoden bearbeitet werden können (z. B. themenzentrierte Interaktion, Gestalttherapie). Die Rückmeldungen und Rückfragen der bzw. des Supervisierenden bzw. auch der anderen Gruppenmitglieder regen neue Sichtweisen und Handlungsalternativen an.

In diesem Zusammenhang ist auf zwei „verwandte" Konzepte hinzuweisen, die allerdings ihren Ursprung eher im Management- bzw. betrieblichen Kontext haben: Coaching und Mentoring.

Coaching Beim Coaching handelt es sich um die zeitlich befristete und arbeitsintegrierte bzw. arbeitsplatznahe Beratung und Begleitung einer Person zur Personal- bzw. Kompetenzentwicklung. Die bzw. der Coach kann dabei eine vorgesetzte Person, erfahrene Kollegin bzw. erfahrener Kollege oder aber auch externe beratende Person sein. Der Coachingprozess muss zeitlich und inhaltlich klar definiert sein und vorher bestimmten Rollenverteilungen und Spielregeln folgen.

Mentoring Das Prinzip des Mentoring lässt sich bis in die Antike zurückverfolgen. Es geht darum, dass eine erfahrene Person (Mentorin bzw. Mentor) eine meist jüngere Person zeitlich begrenzt dabei unterstützt, eine neue Aufgabe zu übernehmen (z. B. als Führungskraft). Anders als bei der Supervision hat die Mentorin bzw. der Mentor meist keine besondere Ausbildung zur Wahrnehmung dieses Mandats erhalten, sondern erfüllt diese Beratungsaufgabe auf der Basis der eigenen Berufs- und Lebenserfahrung. Anders als beim Coaching wird Wert darauf gelegt, dass Mentorin bzw. Mentor und Mentee in einer hierarchiefreien Beziehung stehen und ein Vertrauensverhältnis zwischen beiden besteht.

Insgesamt bestehen zwischen den vier vorgestellten Formen fließende Übergänge. Es gibt unzählige Definitionen und Bindestrichvarianten, die teilweise Moden folgen oder aus Marketinggründen eingeführt werden.

11.3.5 Ergebnisbezogene Evaluationen

Schon im Abschn. 11.1 wurde grundlegend auf den Unterschied von formativer und summativer Evaluation eingegangen. Der Vorteil der prozessbegleitenden Variante liegt vor allem darin, dass ganz im Sinne der Teilnehmenden Schlussfolgerungen aus den Ergebnissen gezogen werden können, die sich dann in konkreten Änderungen des Seminarverlaufs niederschlagen. Bei der ergebnisbezogenen Variante fällt diese Möglichkeit aus, weil die Veranstaltung schon beendet ist. Die Ergebnisse können aber bei Neuplanungen verwendet werden.

Gerade im Bereich der beruflichen Weiterbildung ist es üblich, am Abschluss der Maßnahme einen Test durchzuführen. In vielen Fällen ist das erfolgreiche Bestehen des Tests die Voraussetzung dafür, dass ein Zertifikat erteilt wird. Aber

11.3 Veranstaltungsevaluation

auch in den Fällen, in denen nur eine Teilnahmebescheinigung ausgehändigt wird, findet häufig eine Lernerfolgskontrolle statt. Diese orientiert sich am Lehrplan und überprüft, was bei den Teilnehmenden vom Gelernten „hängengeblieben" ist.

Die dabei eingesetzten Tests sind im Regelfall von den Verantwortlichen der Veranstaltung entwickelt. Die Ergebnisse werden meist ebenfalls von den Durchführenden kontrolliert und bewertet. Wissenschaftlich geeichte Messinstrumente stehen nur für wenige Anwendungsfelder zur Verfügung (z. B. Sprachtests), weil ihre Entwicklung sehr aufwendig ist. Verfahren zur Kompetenzmessung sind zurzeit wissenschaftlich und praktisch ein heftig debattiertes Thema (zum Überblick Gnahs 2010).

Im Unterschied zu den Kompetenzerfassungen sind die üblichen Feedback-Befragungen am Ende eines Kurses inhaltlich umfassender: Sie überlassen die Beurteilung des Lernerfolgs den Befragten und beziehen damit z. B. auch Verwertbarkeitsaspekte ein. Sie sollen darüber Aufschluss geben, ob die eingesetzten Dozentinnen und Dozenten, die verwendeten Methoden und Medien, das Unterrichtsmaterial und die Zusammensetzung der Teilnehmenden dem Lernerfolg zu- oder abträglich gewesen sind.

Fragebogen werden normalerweise am Ende der Veranstaltung an die Teilnehmenden ausgeteilt und liefern die unmittelbaren Eindrücke aus der Veranstaltung. Das Ausfüllen dieser Bögen findet nicht selten unter Zeitdruck und in einer für die Teilnehmenden meist euphorischen Stimmung („Es ist geschafft!") statt. Schon lange ist zudem die Tendenz der Teilnehmenden zu positiven Antworten bekannt (vgl. Vontobel 1972, S. 90–133), sodass insgesamt auch vor einer Überinterpretation der so erhobenen Daten gewarnt werden muss. Auf den folgenden Seiten wird dieser Typus von Fragebogen vorgestellt.

Der Fragebogen zeigt sowohl inhaltlich als auch methodisch eine ganze Reihe von Möglichkeiten auf. Insgesamt dürfte er für die meisten Fälle eher zu lang sein, er kann aber als Anregung und „Baukasten" verwendet werden.

Die Feedback-Befragungen liefern zwar im Regelfall eine umfassende und auch detaillierte Beurteilung der Veranstaltung, die Einschätzungen der Beteiligten werden allerdings durch die Fragevorgaben und Antwortkategorien in bestimmte Richtungen und Bahnen gelenkt. Um der Gefahr von Verzerrungen zu entgehen, hat sich im Dienstleistungsbereich eine andere Fragetechnik als Alternative etabliert. Gefragt wird nach den kritischen Ereignissen einer Veranstaltung, also nach den negativen und positiven Erfahrungen der Teilnehmenden. Diese sollen im Klartext niedergeschrieben oder gesagt werden, um so ggf. auf Qualitätsprobleme gestoßen zu werden, die mit den herkömmlichen Instrumentarien nicht erfasst werden (in etwa wie in frage 10 des Fragebogens).

Musterfragebogen Teilnehmer

Liebe Teilnehmerinnen und Teilnehmer,

Fragen der Qualitätssicherung gewinnen mehr und mehr an Bedeutung in der Weiterbildung. Viele Weiterbildungseinrichtungen haben zusätzliche Anstrengungen unternommen, um die Qualität ihrer Bildungsarbeit zu verbessern. Dazu gehört auch unsere Bildungseinrichtung. In diesem Zusammenhang sind wir besonders daran interessiert zu erfahren, was unsere Teilnehmerinnen und Teilnehmer von uns und von unserer Arbeit halten.

Sie besuchen gerade eine Bildungsveranstaltung bei uns. Wir möchten Sie deshalb bitten, den folgenden Fragebogen auszufüllen. Sie leisten damit einen wichtigen Beitrag zur Sicherung und Weiterentwicklung der Qualität in unserer Einrichtung. Bitte nehmen Sie sich dafür ein bisschen Ruhe und Zeit und geben den ausgefüllten Fragebogen an die Dozentin/den Dozenten der von Ihnen besuchten Veranstaltung zurück.

Wir möchten Sie noch darauf hinweisen, dass Ihre Angaben in jedem Fall anonym bleiben. Alle Angaben werden streng vertraulich und unter Berücksichtigung des Datenschutzes ausgewertet.

Haben Sie vielen Dank für Ihre Bemühungen und viel Spaß beim Ausfüllen des Fragebogens sowie bei der Teilnahme der von Ihnen gewählten Bildungsveranstaltung.

Mit freundlichen Grüßen

Hinweise zum Ausfüllen des Fragebogens:

[6] *Hier können Sie eine Zahl eintragen*

[X] *Kreuzen Sie bitte an*

____ *bitte ausfüllen*

11.3 Veranstaltungsevaluation

1) Machen Sie bitte zunächst Angaben zu der besuchten Veranstaltung:

   Veranstaltungs-Nr.   Thema   Dozent/in   Durchführungsort

   _____

2) Gründe für den Besuch der Bildungsveranstaltung bei uns   Ja   Nein
   - Ich besuche die Veranstaltung aus privaten Gründen. ☐ ☐
   - Ich besuche die Veranstaltung aus beruflichen Gründen. ☐ ☐
   - Ich besuche die Veranstaltung aus sonstigen Gründen (bitte nennen). ☐ ☐

   _____

3) Informationen und Hinweise auf die besuchte Veranstaltung (Kreuzen Sie bitte an, wie Sie auf die Veranstaltung aufmerksam wurden. Mehrfachnennungen möglich)

   Werbung der Einrichtung:
   - Informationsheft.. ☐
   - Medien (Zeitung).. ☐
   - Plakate des Veranstalters .... ☐
   - Messestand des Veranstalters .... ☐
   - Sonstige Werbung des Veranstalters (bitte nennen)

   _____

   Mund-Propaganda (Freunde, Bekannte, Kollegen).............. ☐
   über meinen Arbeitgeber.. ☐
   Sonstiges (bitte nennen)

   _____

4) **Beratung** (Zutreffendes bitte ankreuzen)

4a) Wie haben Sie sich informiert? (Zutreffendes bitte ankreuzen, Mehrfachnennungen möglich)
   - Ich habe schriftliches Material angefordert................................. ☐
   - Ich habe an einer Informationsveranstaltung teilgenommen........ ☐
   - Ich habe telefonisch Auskünfte bei der Einrichtung eingeholt...... ☐
   - Ich habe mich persönlich beraten lassen..................................... ☐
   - Ich habe mich auf anderem Wege informiert (bitte nennen).

   _____

4b) Wie zufrieden waren Sie mit der Information und Beratung insgesamt? (Zutreffendes bitte ankreuzen)
   - sehr zufrieden.. ☐
   - zufrieden.. ☐
   - weniger zufrieden.. ☐
   - unzufrieden.. ☐

4c) Wenn Sie nach der bisher gemachten Erfahrung in der Veranstaltung zurückblicken, worüber hätten Sie vor Beginn gerne noch Informationen gehabt? (Zutreffendes bitte ankreuzen)
   - Kosten der Veranstaltung.. ☐

Dozentinnen und Dozenten.. ☐
Lehrinhalte.. ☐
Lehrmaterialien.. ☐
Lehrmethoden.. ☐
Unterrichtsort.. ☐
Alternativen (Angebote anderer Veranstalter)................................. ☐

Sonstiges (bitte nennen) _____

5) Anmeldung

Wie beurteilen Sie die Anmeldeformalitäten? (Zutreffendes bitte ankreuzen)

Ich halte die Anmeldeformalitäten für

- unkompliziert und kundenfreundlich.. ☐
- kompliziert und aufwendig... ☐

6) Angaben zur besuchten Veranstaltung

6a) Wie beurteilen Sie die Fähigkeiten der Dozentin oder des Dozenten?

Bitte vergeben Sie Schulnoten von 1 („sehr gut") bis 6 („ungenügend") im Hinblick auf

- ihre/seine fachlichen Fähigkeiten (Fachwissen).......................... ☐
- ihre/seine pädagogischen Fähigkeiten (wie gut/schlecht wird das Fachwissen vermittelt oder kann sie/er gut auf die Teilnehmenden und deren Vorkenntnisse und Interessen eingehen?)... ☐

6b) Wie beurteilen Sie die Lehrmaterialien?

Bitte vergeben Sie Schulnoten von 1 („sehr gut") bis 6 („ungenügend") im Hinblick auf

- die schriftlichen Lehrmaterialien (Bücher, Kopien)..................... ☐
- übrige Lehrmaterialien (Filme, Videos etc.).............................. ☐

6c) Wie beurteilen Sie den Lernort?

Bitte vergeben Sie Schulnoten von 1 („sehr gut") bis 6 („ungenügend") im Hinblick auf

- die Erreichbarkeit des Lernortes.. ☐
- die technische Ausstattung (Overhead-Projektor, TV etc.)........ ☐
- das Lernumfeld.. ☐

7) Angaben zum Unterrichtsgeschehen:

Wie beurteilen Sie das Unterrichtsgeschehen in der laufenden Veranstaltung aus Ihrer ganz persönlichen Sicht? (Zutreffendes bitte ankreuzen)

	stimmt genau	teils/ teils	stimmt nicht
Der Unterricht entspricht genau meinen Interessen.	☐	☐	☐
Ich fühle mich durch den Unterricht in meiner Gesamtpersönlichkeit angesprochen.	☐	☐	☐

11.3 Veranstaltungsevaluation

- Ich werde durch den Unterricht aktiviert. ☐ ☐ ☐
- Die Unterrichtssprache empfinde ich
  als angenehm/sie entspricht der meinen. ☐ ☐ ☐
- Der Unterricht ist so ausgerichtet, daß ich mein
  gesetztes Lernziel erreichen kann. ☐ ☐ ☐
- Wenn ich mal anderer Auffassung bin als die Dozentin/ der Dozent,
  geht diese dennoch auf meine Meinung/Auffassung ein. ☐ ☐ ☐
- Ich werde als Kursteilnehmer/in genauso behandelt wie
  alle anderen Teilnehmenden auch. ☐ ☐ ☐
- Ich denke, daß ich das Gelernte einmal gut anwenden kann. ☐ ☐ ☐
- Das Lernziel des Kurses ist mir nicht klar. ☐ ☐ ☐
- Ich finde den Lehrinhalt zu komprimiert/umfangreich
  (ich hätte lieber mehr Zeit zum Lernen). ☐ ☐ ☐
- Im Unterricht ist es mir möglich, auch mal zu lachen
  oder auch mal einfach Gefühle zu zeigen. ☐ ☐ ☐
- Die Lerninhalte und die Lehrmaterialien halte ich für aktuell. ☐ ☐ ☐
- Wenn ich mal neue Ideen für den Unterricht einbringe,
  läßt der Dozent/die Dozentin es zu, diese in das
  Unterrichtsgeschehen einzubauen. ☐ ☐ ☐

8) Beschwerden (Zutreffendes bitte jeweils ankreuzen)   Ja   Nein

8a) Hat es für Sie Anlass für Beschwerden gegeben?   ☐   ☐
   (Weiter mit Frage 8b)   (Weiter mit Frage 9)

8b) Was hatten Sie an der besuchten Veranstaltung auszusetzen? (bitte nennen)

_____

8c) Haben Sie sich beschwert?   Ja   Nein
   ☐   ☐
   (Weiter mit Frage 8d) (Weiter mit Frage 9)

8d) Bei wem haben Sie sich beschwert? (Zutreffendes bitte ankreuzen)

   Dozent/In.. ☐
   andere(r) Verantwortliche/r/n der Einrichtung .... ☐
   bei einer externen Stelle... ☐

   Sonstiges (bitte nennen)_____

8e) Wie wurde mit Ihrer Beschwerde umgegangen? (Zutreffendes bitte ankreuzen)

   Man nahm meine Kritik auf .... ☐
   Ich hatte das Gefühl, dass mir niemand zuhört...................... ☐
   Man hörte sich diese zwar an, aber geändert hat sich nichts...... ☐

   Andere Reaktion (bitte nennen)_____

9) Würden Sie die Einrichtung weiterempfehlen? (Zutreffendes bitte ankreuzen)

   Ja   Nein
   ☐   ☐

10) Allgemeine Einschätzung

10a) An der bei der Einrichtung besuchten Bildungsveranstaltung hat mir besonders gut gefallen (bitte nennen)

10b) Gäbe es einen „Meckerkasten", würde ich folgendes kritisieren (bitte nennen)

11) Allgemeine Einschätzung der Einrichtung:

Nachstehend finden Sie verschiedene Gegensatzpaare: Bitte ordnen Sie diese Begriffe der Einrichtung zu. Sie haben sieben Antwortmöglichkeiten, um Ihre Einschätzungen abzustufen. Je weiter links bzw. je weiter rechts Sie Ihr Kreuzchen machen, desto eher trifft der links bzw. rechts genannte Begriff zu. <u>Bitte machen Sie in jeder Zeile nur ein Kreuz.</u> Bitte überlegen Sie nicht lange. Es kommt auf Ihren spontanen Eindruck an.

bürokratisch	☐	☐	☐	☐	☐	☐	unbürokratisch
undurchsichtig	☐	☐	☐	☐	☐	☐	transparent
seriös	☐	☐	☐	☐	☐	☐	unseriös
unbeweglich	☐	☐	☐	☐	☐	☐	dynamisch
konservativ	☐	☐	☐	☐	☐	☐	progressiv
aktuell	☐	☐	☐	☐	☐	☐	veraltet
langweilig	☐	☐	☐	☐	☐	☐	interessant
objektiv	☐	☐	☐	☐	☐	☐	parteiisch
ineffektiv	☐	☐	☐	☐	☐	☐	effektiv
unsozial	☐	☐	☐	☐	☐	☐	sozial
angenehm	☐	☐	☐	☐	☐	☐	unangenehm
bieder	☐	☐	☐	☐	☐	☐	weltoffen
passiv	☐	☐	☐	☐	☐	☐	aktiv
flexibel	☐	☐	☐	☐	☐	☐	starr
hierarchisch	☐	☐	☐	☐	☐	☐	partizipativ
ausländerfeindlich	☐	☐	☐	☐	☐	☐	ausländerfreundlich
engagiert	☐	☐	☐	☐	☐	☐	interessenlos
kostenbewusst	☐	☐	☐	☐	☐	☐	aufwendig
arbeitnehmerfreundlich	☐	☐	☐	☐	☐	☐	arbeitgebernah
frauenfördernd	☐	☐	☐	☐	☐	☐	frauendiskriminierend
kompetent	☐	☐	☐	☐	☐	☐	inkompetent
unprofessionell	☐	☐	☐	☐	☐	☐	professionell
profiliert	☐	☐	☐	☐	☐	☐	profillos
effizient	☐	☐	☐	☐	☐	☐	ineffizient
teilnehmerfern	☐	☐	☐	☐	☐	☐	teilnehmerorientiert

11.3 Veranstaltungsevaluation

12) Angaben zur Person (Zutreffendes bitte jeweils ankreuzen)

12a) Geschlecht
- männlich ☐
- weiblich ☐

12b) Alter: Mein Alter liegt
- unter 18 Jahren ☐
- zwischen 18 und 25 Jahren ☐
- zwischen 26 und 35 Jahren ☐
- zwischen 36 und 50 Jahren ☐
- zwischen 51 und 65 Jahren ☐
- Ich bin älter als 65 Jahre ☐

12c) Angaben zum Schulabschluss: Ich habe
- keinen Schulabschluss ☐
- den Haupt- oder Volksschulabschluss ☐
- einen Realschulabschluss ☐
- Fachhochschulreife ☐
- allgemeine oder fachgebundene Hochschulreife ☐

12d) Angaben zum beruflichen Ausbildungsabschluss: Ich habe
- keine abgeschlossene Berufsausbildung ☐
- den Abschluss einer Lehr-/Anlerntätigkeit ☐
- Meister/in, Techniker/in oder gleichwertiger Berufsabschluss ☐
- Hochschulabschluss ☐

12e) Angaben zum beruflichen Status: Ich bin
- in Ausbildung ☐
- Angestellte/r ☐
- Arbeiter/in ☐
- Beamter/in ☐
- selbständig ☐

Sonstiges (bitte nennen)_____

- Ich bin Vollzeitbeschäftigte/r ☐
- Ich bin Teilzeitbeschäftigte/r ☐

Das war es schon! Haben Sie nochmals vielen Dank für Ihre Bemühungen und, wie gesagt, weiterhin viel Spaß und Freude beim Besuch der Veranstaltung!

Meist in Ergänzung zu den soeben erwähnten Verfahren wird die „nachgehende" Evaluation eingesetzt. Es wird nicht so sehr erfasst, ob das Gelehrte auch behalten worden ist, sondern ob das während der Veranstaltung Gelernte – und das muss nicht identisch mit dem Gelehrten sein – nützlich für die Berufs- oder Alltagspraxis ist. Die dabei zu erzielenden Ergebnisse sind zwar für eine bedarfsgerechte und praxisnahe Bildungsarbeit von hohem Wert, ihre Gewinnung ist allerdings auch mit erheblichem Aufwand verbunden.

Zudem wird mit der nachgehenden Befragung vermieden, dass spontane und unmittelbare Eindrücke, die am Ende einer Veranstaltung leitend sein können, dominieren. Methodisch ist aber auch anzumerken, dass zwischen dem Ende der Veranstaltung und dem Befragungszeitpunkt die ehemaligen Teilnehmenden unterschiedlichen Einflussfaktoren ausgesetzt sind, die das Urteil natürlich beeinflussen (Problem der intervenierenden Variablen). Der Aufwand einer nachgehenden Befragung wird meist nicht veranstaltungsbezogen durchgeführt, sondern findet im Zusammenhang mit einer meist umfassenden Einrichtungsevaluation statt.

11.4 Einrichtungsevaluation

Fast alle Bildungsanbieter stehen unter Legitimationsdruck: Die Fördermittelgeber verlangen Nachweise über die Nützlichkeit der Bildungsarbeit. Doch nicht nur das Begehren von außen führt zu Evaluationsaktivitäten. Im Zusammenhang mit der Qualitätsdiskussion in der Weiterbildung sind auch die Einrichtungen aus eigenem Antrieb bereit, sich selbst zu überprüfen oder überprüfen zu lassen. Diese Evaluation dient der Bestandsaufnahme, der Vergewisserung über Stärken und Schwächen, und sie ist die Initialzündung für die Einleitung von Veränderungsprozessen, die Schwächen zu Stärken machen oder Stärken ausbauen sollen. Häufig wird eine derartige Bestandsaufnahme auch als Einstieg in die Qualitätsmanagementaktivitäten einer Einrichtung vorgenommen. Ein Beispiel in dieser Richtung ist in Kap. 8 mit der Stiftung berufliche Bildung dargestellt.

In ähnlicher Weise hat auch die Bundesakademie für kulturelle Bildung (BAW) in Wolfenbüttel eine Kundenbefragung extern durchführen lassen. Zentrale Überlegung dabei war nicht nur, den „Output" zu betrachten, also die Zahl der veranstalteten Seminare, der registrierten Teilnahmefälle und der geleisteten Unterrichtsstunden, sondern Wirkungen ins Blickfeld zu rücken. Die Nutzenfrage ist zwar die zentrale, aber für die BAW nicht die einzige Frage von Interesse. Vier weitere Aspekte gehörten ebenso zum Erkenntnisinteresse einer solchen Analyse:

- Wer besucht die Veranstaltungen der Bundesakademie in Wolfenbüttel?
- Welche Interessen und Motivationen führen zur Teilnahme?
- Welche teilnahmerelevanten Lebens- und Arbeitsumstände sind bei den Teilnehmenden prägend?
- Wie zufrieden sind die Teilnehmenden mit dem Angebot der Akademie, seiner Durchführung und seinen Rahmenbedingungen?

11.4 Einrichtungsevaluation

Mit einer aufwendigen Befragung der Teilnehmenden wurde diesen Fragen nachgegangen, um aus den Ergebnissen Handlungsempfehlungen ableiten zu können (vgl. Gnahs 2004). Diese bezogen sich z. B. auf die Internetpräsenz und auf die Unterrepräsentation von Jüngeren und Männern bei den Teilnehmenden (Gnahs 2004, S. 94–98).

Im Zusammenhang mit einem funktionierenden Qualitätsmanagementsystem ist Evaluation eine Daueraufgabe. Im Besonderen richtet sich das Augenmerk dann auf das „Kerngeschäft" der Einrichtung, die Bildungsveranstaltungen. Dabei kommt all das zum Tragen, was im vorigen Abschnitt über die Evaluation von Veranstaltungen ausgeführt wurde. Die konkrete Ausgestaltung des Evaluationskonzepts, also z. B. die eingesetzten Methoden, die Instrumente, die Evaluationszyklen, variiert stark von Einrichtung zu Einrichtung.

Darüber hinaus muss aber auch eine ganze Reihe von weiteren Aspekten, die Rahmenbedingungen der eigentlichen Bildungsarbeit, im Blick behalten werden. Dies ist zuallererst natürlich eine Leitungsaufgabe, die allerdings durch andere Gremien oder Personen unterstützt werden kann. Zu denken ist u. a. an Qualitätsbeauftragte, Qualitätskonferenzen, Qualitätszirkel, Nutzerbeiräte. Die Evaluation dieser Gegebenheiten erfolgt im Regelfall nur zu einem kleinen Teil in formalisierter Form wie bei der Veranstaltungsevaluation. Es geht meist darum, diese Aspekte qualitativ zu erfassen und zu reflektieren. Im Folgenden findet sich eine Art Checkliste in Frageform, die den evaluierenden Blick der Verantwortlichen auf neuralgische Punkte lenken kann (vgl. Gnahs 1998, Anhang S. 4 ff.). Sie ist hilfreich bei Selbst- wie auch Fremdevaluationen mit externer Zertifizierung (wie in Kap. 6 beschrieben).

A Leitbild

1. Ist das Leitbild der Einrichtung noch handlungsweisend? Ist es klar, nachvollziehbar und umsetzungsorientiert?
2. Ist es bei allen Mitarbeiterinnen und Mitarbeitern bekannt? Wie wird es an sie herangetragen?
3. Welche Auswirkungen hat das Leitbild auf die Qualitätspolitik der Einrichtung?
4. Lässt sich aus dem Leitbild eine pädagogische Leitidee ableiten?
5. Wird das Leitbild laufend überprüft und weiterentwickelt? In welcher Form geschieht dies? Wer ist daran beteiligt?

B Führung

1. Gehen von der Führungsebene Impulse zur Verbesserung der Bildungsarbeit in Ihrer Einrichtung aus?
2. Gibt es ein Personalentwicklungskonzept? Wie wird dies ggf. umgesetzt?
3. In welcher Weise wird eine Leistungskontrolle und -beurteilung durchgeführt?
4. In welcher Weise fördert die Führungsebene das Qualitätsdenken in Ihrer Einrichtung?
5. Wie versucht die Führungsebene vorhandenen Schnittstellenproblemen zu begegnen?

C Mitarbeiterorientierung

1. Wird die Personalpolitik am Leitbild ausgerichtet?
2. Werden Mitarbeiterbefragungen durchgeführt?
3. Wie werden die Vertragsverhältnisse mit den Honorarkräften geregelt?
4. Wie gestaltet sich die Kommunikation mit den Honorarkräften?
5. Wie werden die Bedarfe für die Mitarbeiterfortbildung ermittelt?
6. Wer stellt das Programm für die Mitarbeiterfortbildung auf?
7. Gibt es ein systematisches und regelmäßig fortgeschriebenes Personalentwicklungskonzept?
8. Werden Hospitationen bei den Honorarkräften durchgeführt?
9. Welche Kriterien sind bei der Auswahl von Honorardozentinnen und -dozenten maßgeblich?
10. Werden regelmäßig Mitarbeitergespräche durchgeführt?

D Ressourcen

1. Gibt es Controlling-Aktivitäten in der Einrichtung?
2. Gibt es ein leistungsfähiges DV-System?
3. Gibt es ein Instrumentarium für eine leistungsfähige Finanzplanung?
4. Wie werden die Räumlichkeiten für die Bildungsveranstaltungen eingeschätzt?
5. Auf welchem Stand ist die technische Ausstattung?
6. Wie werden die Qualitäten der Kooperationspartner eingeschätzt (z. B. anderer Bildungshäuser)?
7. Gibt es eine regelmäßige Überprüfung der Lehrmittel (z. B. Lehrbücher)? Durch wen erfolgt dies?

11.4 Einrichtungsevaluation

E Leistungs- und Bildungsprozesse

1. Wie werden neue Curricula entwickelt? Wer ist für den Entwicklungsprozess verantwortlich? Wer kontrolliert ihn ggf.?
2. Wie erfolgt die Teilnehmerauswahl?
3. Welche Informations- und Beratungsangebote werden vorgehalten? Wie werden sie genutzt?
4. Woran wird der Erfolg einer Bildungsveranstaltung gemessen?
5. Mit welchen Methoden wird der Bildungserfolg kontrolliert?
6. Wie werden Teilnehmende über Änderungen im Veranstaltungsablauf informiert?
7. Wie wird mit Innovationen und Neuerungen umgegangen?
8. Wird gezielt versucht, curriculare und methodische Neuerungen für die eigene Bildungsarbeit auszuwerten?
9. Gibt es in irgendeiner Form Benchmarking-Prozesse?
10. Setzt sich Ihre Einrichtung herausfordernde Ziele?

F Kundenzufriedenheit und Teilnehmerfeedback

1. Mit welchen Methoden wird die Teilnahmezufriedenheit erhoben?
2. Welche Qualitätskriterien sind für die Teilnehmenden wichtig? Welche für die Lehrenden?
3. Wie wird mit den Ergebnissen von Teilnehmerbefragungen umgegangen?
4. Wie wird mit Beschwerden von Teilnehmenden oder Auftraggebern (z. B. Betrieben, Arbeitsamt) umgegangen?
5. Gibt es feste Regeln für die Behandlung von Beschwerden (Beschwerdemanagement)?
6. Wird versucht, vor Maßnahmenbeginn die Wünsche der Teilnehmenden festzustellen?
7. Werden Maßnahmen der kontinuierlichen Marktbeobachtung durchgeführt?
8. Gibt es ein Marketingkonzept?

G Information und Öffentlichkeitsarbeit

1. Gibt es Richtlinien oder Standards für Veranstaltungsankündigungen?
2. Wie werden der Informationsgehalt und die Präzision der Veranstaltungsankündigungen der eigenen Einrichtung eingeschätzt?
3. Hat es schon Probleme mit unklaren Annoncen oder Ankündigungstexten gegeben?
4. Wird die Öffentlichkeitsarbeit zentral koordiniert?

5. Gibt es Vorgaben oder Standards für Veröffentlichungen?
6. Wie wird die Presseresonanz eingeschätzt? Gibt es eine kontinuierliche Pressearbeit?
7. Welche Anforderungen werden an das Erscheinungsbild Ihrer Einrichtung bei Veröffentlichungen gestellt?

H Gesellschaftliche Verantwortung

1. Welche Rolle misst sich die Einrichtung bei der Gestaltung der Gesellschaft bei?
2. Auf welchen Wegen wird die gesellschaftliche Mitverantwortung wahrgenommen?
3. Agiert Ihre Einrichtung im regionalen Kontext, in regionalen Verbünden?
4. Gibt es spezielle Anstrengungen zur Lösung von Umweltproblemen? Gibt es ähnliche Aktivitäten auch mit Blick auf andere Problembereiche?
5. An welchen Gremien und Verbünden nimmt Ihre Einrichtung aktiv teil? Welchen Stellenwert hat die Gremienarbeit?
6. Wird das gesellschaftliche Engagement Ihrer Einrichtung in der Außendarstellung eingesetzt (im Sinne der Imagewerbung)?

Dieser Fragenkatalog mit seinen Zwischenüberschriften deckt in weiten Teilen das ab, was von den meisten QM-Systemen sowieso eingefordert wird. Die konkreten Antworten und Lösungen auf die Fragen werden von Einrichtung zu Einrichtung unterschiedlich ausfallen, wichtig ist zuerst einmal, dass die Fragen überhaupt gestellt und reflektiert werden.

11.5 Systemevaluationen

Evaluation ist ein Dauerthema der Weiterbildung. Diese Aktivitäten finden regelmäßig vor allem bezogen auf Veranstaltungen und Einrichtungen statt: Anstrengungen, die durch die Qualitätsdiskussion in der Weiterbildung besondere Schubkraft erhalten haben. Systemevaluationen, also Bewertungen des Zielerreichungsgrades bei regionalen oder überregionalen Weiterbildungssystemen, sind dagegen eher selten. Dies mag vor allem auf den damit verbundenen hohen Aufwand zurückzuführen sein.

Dieser hohe Aufwand bedingt, dass Systemevaluationen nur bei besonderen Anlässen vorgenommen werden. Derartige Anlässe können sein:

- die Novellierung von Gesetzen (wie z. B. in Bremen, Niedersachsen und Nordrhein-Westfalen),
- die Neustrukturierung der Förderlandschaft,

11.5 Systemevaluationen

- die Abschätzung der Marktchancen einzelner Einrichtungen,
- Systemvergleich im Rahmen wissenschaftlicher Untersuchungen.

Das inhaltliche Interesse bei Systemevaluationen richtet sich auf die Angebots- und Nachfragestruktur, auf den Ordnungs- und Förderrahmen, auf die personelle und sächliche Ausstattung sowie auf die Supportstrukturen der Weiterbildung (vgl. Landesinstitut für Schule und Weiterbildung 1996). Das dabei abzudeckende Fragenspektrum und die anzuwendenden Methoden bedingen im Regelfall den Einsatz eines entsprechend qualifizierten speziellen Evaluatorenteams. Ein Beispiel für eine solche Systemevaluation ist die 2009 und 2010 vom Deutschen Institut für Erwachsenenbildung (DIE) durchgeführte Evaluation des nordrhein-westfälischen Weiterbildungsgesetzes (WbG; vgl. DIE 2011).

Das Land Nordrhein-Westfalen hat die in der Landesverfassung verankerte Förderung der Erwachsenenbildung 1974 mit seinem Weiterbildungsgesetz umgesetzt. Zuletzt ist dieses Gesetz 1999 novelliert worden. Die darin beschlossenen Übergangsregelungen stießen 2007 auf den massiven Widerstand des Landesrechnungshofes: Das Gesetz sei nicht mehr stimmig und führe zu einer ungleichgewichtigen Verteilung der Fördermittel. Vor diesem Hintergrund erging dann 2008 der Evaluationsauftrag an das DIE.

Die Evaluation stand unter zwei Leitfragen:

- Wie hat das Weiterbildungsgesetz dazu beigetragen, die landespolitische Zielsetzung umzusetzen, Weiterbildung als lebensbegleitenden Prozess zu organisieren und mehr Menschen zum Lernen zu motivieren, um damit den Zusammenhalt in unserer Gesellschaft zu stärken? (Befunde)
- Welche Perspektiven können für eine Weiterentwicklung aufgezeigt werden? (Empfehlungen)

Daneben wurde vom Auftraggeber noch eine Reihe von Unterfragen formuliert wie z. B.

- Sollte eine stärkere Konzentration der Förderung auf staatliche Kernaufgaben erfolgen? Auf welchen Wegen lassen sich gesellschaftliche Gruppen mit besonderem Unterstützungsbedarf erreichen?
- Wie können mit den Weiterbildungsmitteln des Landes die Stärken der pluralen Weiterbildungslandschaft ausgebaut und ihre Innovationskräfte entfaltet werden?
- Kann die Gestaltungsfreiheit der Kommunen bei der Wahrnehmung der Pflichtaufgabe erhöht werden?

- Gibt es Möglichkeiten zur Absenkung der vom Land gesetzten Standards und Normen – auch im Interesse einer (weiteren) Verwaltungsvereinfachung?
- Wie kann die besondere Förderung der Angebote zum Nachholen von Schulabschlüssen im Rahmen des WbG und im Kontext der vergleichbaren Bildungsangebote des Berufskollegs, des Weiterbildungskollegs und anderer Anbieter durch Nutzung fachlicher, organisatorischer und finanzieller Synergien optimiert werden?

Die Befunde wurden über den Einsatz sehr unterschiedlicher Methoden gewonnen (z. B. schriftliche Befragung, Fallstudie, Expertengespräch). Während der gesamten Untersuchungszeit gab es mit den Beteiligten (Ministerium, Verbände, Einrichtungen, Projektbeirat) immer wieder Rückkopplungen und Diskurse zur Präzisierung der Fragestellungen. Insofern waren die Betroffenen auch Beteiligte und konnten ihr jeweils spezifisches Fachwissen einbringen. 2011 wurde der Bericht veröffentlicht (DIE 2011), diskutiert und zur Umsetzung gebracht.

11.6 Zur Reflexion

- Kann es Zielkonflikte bei der Einhaltung der unterschiedlichen Evaluationsstandards geben? Nennen Sie Beispiele!
- Welche Vorteile bietet ein professionelles Feedback für eine Lehrkraft im Vergleich zum Teilnehmerfeedback?
- Wie schätzen Sie den Nutzen einer Einrichtungsevaluation im Vergleich zu den Kosten ein?
- Wie messen Sie in Ihrer Einrichtung den Lernerfolg?
- Worauf stellen Sie bei der Formulierung der Testaufgaben vor allem ab?
- Welche Argumente lassen sich für und welche gegen Leistungstests vorbringen?
- Bei welchen Arten von Weiterbildung lehnen Sie Leistungstests ab?
- Wo liegen die besonderen Probleme bei der nachgehenden Evaluation?
- Wie bewerten Sie das Beurteilungsvermögen der Teilnehmenden bzw. das der Vorgesetzten oder Kollegen im Hinblick auf die Verwertbarkeit des Gelernten?

Literatur

Bortz, J. (1999). *Statistik für Sozialwissenschaftler* (5., vollst. überarb. u. aktual. Aufl.). Berlin: Springer.
Bortz, J., & Döring, N. (2006). *Forschungsmethoden und Evaluation für Human- und Sozialwissenschaftler* (4., überarb. Aufl.). Heidelberg: Springer.

DeGEvaL – Gesellschaft für Evaluation (Hrsg.). (2016). *Standards für Evaluation.* Erste Revision auf Basis der Fassung 2002. Verabschiedet durch die Mitgliederversammlung der DeGEval e. V. am 21. September 2016. Mainz: DeGEval. https://www.degeval.org/fileadmin/Publikationen/Kurzversion_der_Standards_fuer_Evaluation_-_Revision_2016.pdf. Zugegriffen: 1. Okt. 2018.

DIE – Deutsches Institut für Erwachsenenbildung (Hrsg.). (2011). *Lernende fördern – Strukturen stützen. Evaluation der Wirksamkeit der Weiterbildungsmittel des Weiterbildungsgesetzes (WbG) Nordrhein-Westfalen. Abschlussbericht.* Bonn: DIE. http://www.die-bonn.de/doks/2011-evaluation-weiterbildungsgesetz-nrw-01.pdf. Zugegriffen: 4. Okt. 2018.

Diekmann, A. (2007). *Empirische Sozialforschung. Grundlagen, Methoden, Anwendungen* (18., vollst. überarb. u erw. Aufl.). Reinbek: Rowohlt.

Flick, U., Kardoff, E. v., & Steinke, I. (Hrsg.). (2007). *Qualitative Forschung. Ein Handbuch* (5., unveränd. Aufl.). Reinbek: Rowohlt (Erstaufl. erschienen 2000).

Gerl, H. (1983). Evaluationen in Lernsituationen. Ein Beitrag zu reflexivem Lernen. In H. Gerl & K. Pehl (Hrsg.), *Evaluation in der Erwachsenenbildung* (S. 15–92). Bad Heilbrunn: Klinkhardt.

Gerl, H., & Pehl, K. (1983). *Evaluation in der Erwachsenenbildung.* Bad Heilbrunn: Klinkhardt.

Gnahs, D. (1998). *Vergleichende Analyse von Qualitätskonzepten in der Weiterbildung* (Reihe: Materialien des Instituts für Entwicklungsplanung und Strukturforschung, Bd. 164). Hannover: Institut für Entwicklungsplanung und Strukturforschung.

Gnahs, D. (2004). *Die Teilnehmenden der Bundesakademie für kulturelle Bildung Wolfenbüttel: Merkmale – Motive – Erfahrungen. Ergebnisse einer Befragung.* Wolfenbüttel: BAW. https://www.bundesakademie.de/pdf/baw-tnn-befragung_2003.pdf. Zugegriffen: 4. Okt. 2018.

Gnahs, D. (2010). *Kompetenzen. Erwerb, Erfassung, Instrumente* (2., aktual. u überarb. Aufl.). Bielefeld: Bertelsmann.

Götz, K. (1993). *Zur Evaluierung beruflicher Weiterbildung. Eine theoretische und empirische Studie zur Wirksamkeit beruflicher Weiterbildung* (Bd. 2). Weinheim: Deutscher Studien-Verlag.

JCSEE – Joint committee on standards for eductional evaluation. (1994). *The program evaluation standards: How to assess evaluations of educational programs?* Newbury Park, CA: Sage. http://legacy.oise.utoronto.ca/research/field-centres/ross/ctl1014/Joint1994.pdf. Zugegriffen: 1. Okt. 2018.

Landesinstitut für Schule und Weiterbildung (Hrsg.). (1996). *Weiterbildung in Nordrhein-Westfalen. Vorstudie zur Evaluation der Weiterbildung.* Soest: Landesinstitut für Schule und Weiterbildung.

Reischmann, J. (2003). *Weiterbildungs-Evaluation. Lernerfolge messbar machen.* Neuwied: Luchterhand.

Siebert, H. (2006). *Didaktisches Handeln in der Erwachsenenbildung. Didaktik aus konstruktivistischer Sicht* (5., überarb. Aufl.). Augsburg: Ziel.

Tietgens, H. (1986). *Aufgaben und Probleme der Evaluation in der Erwachsenenbildung.* Bonn: Deutscher Volkshochschul-Verband.

Vontobel, J. (1972). *Über den Erfolg in der Erwachsenenbildung. Empirische Basisstudie zum Problem der Erfassung des Bildungserfolges.* Braunschweig: Westermann.

Yarbrough, D. B., Shulha, L. M., Hopson, R. K., & Caruthers, F. A. (2011). *The program evaluation standards: A guide for evaluators and evaluation users* (3., überarb. Aufl.). Thousand Oaks, CA: Sage.

Weiss, C. H. (1974). *Evaluierungsforschung. Methoden zur Einschätzung von sozialen Reformprogrammen.* Opladen: Westdeutscher Verlag (englisches Original erschienen 1972).

Weitere zentrale Komponenten des Qualitätsmanagements in der Weiterbildung

12

Nach der ausführlichen Darstellung des Schlüsselelements Evaluation werden im Folgenden weitere wichtige Komponenten des Qualitätsmanagements vorgestellt. Dies geschieht in Orientierung an den Bedürfnissen der Bildungspraxis und meist durch erschließende Fragen, um den Reflexionsprozess zu initiieren.

12.1 Festlegen einer Qualitätspolitik

12.1.1 Leitbild

Die Qualitätspolitik einer Weiterbildungseinrichtung ist Teil der „Unternehmenspolitik" und damit auch abhängig von deren Einbettung in ein Gesamtkonzept. Deshalb dürfte es sinnvoll sein, sich vor ihrer Formulierung über das eigene Selbstverständnis zu vergewissern. Folgende Fragen sind zu stellen:

- Gibt es ein Leitbild?
- Ist dieses Leitbild schriftlich fixiert? Wenn ja, wo?
- Ist dieses Leitbild verständlich und klar formuliert?
- Passt das formulierte Leitbild noch zur aktuellen Praxis der Einrichtung, oder ist es revisionsbedürftig?
- Kennen die Mitarbeiterinnen und Mitarbeiter das Leitbild? Identifizieren sie sich damit? Gilt dies gleichermaßen für die haupt- und nebenberuflichen Kräfte?
- Kennen die Kundinnen und Kunden bzw. die Teilnehmenden das Leitbild? Wie gehen sie damit um? Hat das Leitbild Auswirkungen auf die Teilnahme- bzw. Auftragsentscheidung?

© Springer Fachmedien Wiesbaden GmbH, ein Teil von Springer Nature 2019
D. Gnahs und E. Quilling, *Qualitätsmanagement*,
https://doi.org/10.1007/978-3-658-19534-2_12

Erfahrungen bei Weiterbildungseinrichtungen und Betrieben zeigen, dass die Leitbilddiskussion ein wichtiger Vorklärungsprozess ist, der schon einen großen Teil der qualitätsrelevanten Fragestellungen aufwirft. Sie ist zudem auch ein wichtiges Element der Verständigung unter den Beteiligten und kann die Bildung einer Corporate Identity fördern.

12.1.2 Qualitätspolitik

Die Qualitätspolitik umfasst grundsätzlich die folgenden Bereiche:

- Aufstellen von Qualitätsgrundsätzen,
- Formulierung von Qualitätszielen,
- Festlegung von Zuständigkeiten,
- Beschreibung von Abläufen und Verfahren.

Es ist davon auszugehen, dass jede Weiterbildungseinrichtung zumindest implizit bereits eine Qualitätspolitik hat. Es empfiehlt sich, diese „Bestände" zu sichten und zu systematisieren. Dies könnte entlang folgender Fragen passieren:

- Welchen Qualitätsanspruch hat die Einrichtung bzw. jede einzelne Mitarbeiterin und jeder einzelne Mitarbeiter?
- Welche mündlichen oder schriftlichen Festlegungen gibt es?
- Welche Instrumente werden zur Qualitätssicherung eingesetzt?
- Welche Qualitätsanforderungen werden an die Einrichtung herangetragen?

Diese Bestandsaufnahme führt unmittelbar zu den weiterführenden Fragen:

- Sind die bestehenden Standards bzw. Kriterien und Verfahren untereinander kompatibel?
- Wo bestehen Regelungslücken?
- Welche Schritte sind notwendig, um das aktuelle System zu verbessern?
- Wie sähe eine einrichtungsspezifische Lösung aus?

Mit der Bewertung der Bestandsaufnahme beginnt die Konzipierung des Qualitätsmanagementsystems. Es muss eine einrichtungsspezifische Lösung gefunden werden, die nicht am Reißbrett entsteht, sondern aus der alltäglichen Arbeit heraus im Diskurs aller Beteiligten. Diese nach innen gerichtete Strategie schließt nicht aus, dass über den Tellerrand der eigenen Einrichtung bzw. des eigenen

12.1 Festlegen einer Qualitätspolitik

Betriebes geschaut wird, um Anregungen und Impulse von außen zu erhalten. Dies kann z. B. geschehen durch:

- Literaturstudium,
- Internetrecherche,
- Erfahrungsaustausch mit anderen Einrichtungen,
- Adaption von Lösungen aus fachfremden Bereichen (z. B. Industrie, Bankwesen),
- externe Beratung.

Es empfiehlt sich des Weiteren, bei der Genese eines Qualitätskonzepts die Kundinnen bzw. Kunden und Förderer der Einrichtung bzw. des Betriebes mit einzubeziehen. Dafür bieten sich direkte Befragungen oder Intensivinterviews an. Diese Rückkopplung in das Umfeld der Einrichtung liefert dezidierte Hinweise auf bestehende Stärken und Schwächen und verdeutlicht die Erwartungshaltung und die Ansprüche, die von außen an die Einrichtung herangetragen werden.

12.1.3 Qualitätsziele

Ein Teilbereich der Qualitätspolitik ist die Formulierung von Qualitätszielen. Mit ihnen wird möglichst präzise beschrieben, welche Eigenschaften die angebotenen Weiterbildungsveranstaltungen, Beratungen und sonstigen Dienstleistungen haben sollen. Die Qualitätsziele können für die eingesetzten Inputfaktoren, für die Durchführung und den Erfolg der Weiterbildung formuliert werden. Beispiele:

- Es werden nur fachlich und didaktisch geeignete Lehrkräfte eingesetzt.
- Die Teilnehmerinnen und Teilnehmer erhalten während der Weiterbildung Gelegenheit, inhaltliche und methodische Wünsche zu äußern.
- Es wird garantiert, dass mindestens 80 % der Teilnehmerinnen und Teilnehmer die Prüfung bestehen.

Die beispielhaften Zielformulierungen weisen einen unterschiedlichen Grad an Konkretheit auf. So wäre u. a. zu präzisieren, was genau unter „fachlicher Eignung" zu verstehen ist. Eine mögliche Operationalisierung könnte z. B. sein: Die Lehrkräfte müssen über einen Hochschulabschluss verfügen und über eine mindestens zweijährige einschlägige Berufserfahrung.

Wichtig ist, dass mit Blick auf die operational definierten Qualitätsziele auch Vorkehrungen getroffen werden, dass der Zielerreichungsgrad auch tatsächlich gemessen werden kann, z. B., indem entsprechende Befragungen oder Erhebungen durchgeführt werden. Dieser Aspekt wird häufig übersehen bzw. auch im Hinblick auf den damit verbundenen Arbeitsaufwand unterschätzt.

Qualitätsziele können so formuliert werden, dass sie einen festen Standard beschreiben. Beispiel: Mindestens 50 % der Teilnehmer bestehen die sich an den Lehrgang anschließende Prüfung mit „sehr gut" oder „gut". Dieses Ziel könnte auch „dynamisiert" werden und dann so lauten: Ziel ist es, den Anteil der mit „gut" oder „sehr gut" abschließenden Teilnehmerinnen und Teilnehmer kontinuierlich zu steigern.

Als Prinzip formuliert lässt sich dieser dynamische Ansatz so umreißen: Nicht Qualitätsstandards formulieren, sondern Qualitätsziele, nicht Qualitätssicherung betreiben, sondern Qualitätsentwicklung.

12.2 Grundstrukturen eines Qualitätsmanagementsystems

Das Qualitätsmanagementsystem beschreibt die Zuständigkeiten und Abläufe, die zum Erreichen der Qualitätsziele der Einrichtung bzw. des Betriebes notwendig sind. Es gibt nicht das optimale QM-System, das auf alle Einrichtungen gleichermaßen passt und zu optimalen Ergebnissen führt. Jede Einrichtung muss ihr eigenes QM-System ausformen und dabei von den eigenen personellen, sächlichen und finanziellen Ressourcen, den zu erreichenden Qualitätszielen und den Anforderungen der Teilnehmenden bzw. Kundinnen und Kunden ausgehen.

In jeder Weiterbildungseinrichtung sind zumindest Rudimente eines QM-Systems vorhanden. So sind Zuständigkeiten und Hierarchien sowie bestimmte Abläufe festgelegt. Es empfiehlt sich, vor der Formulierung eines umfassenden QM-Systems diese vorhandenen Strukturen zu bilanzieren. Damit wird deutlich, was schon geregelt ist und wo noch Regelungslücken bestehen. Zudem werden ggf. mögliche Konfliktfelder erkennbar, wenn es z. B. um die Verlagerung von Zuständigkeiten geht.

12.2.1 Verantwortlichkeiten und Zuständigkeiten

Die Verantwortlichkeit für die Umsetzung der Qualitätspolitik bzw. ihrer Teilbereiche muss möglichst eindeutig definiert sein, um Missverständnisse und Kompetenzgerangel zu vermeiden. Es besteht dabei allerdings auch die Gefahr,

12.2 Grundstrukturen eines Qualitätsmanagementsystems

die Zuständigkeiten so eng zu definieren, dass Eigeninitiative und Eigenverantwortlichkeit gelähmt werden. Folgende Fragen sollten beantwortet werden:

- Für welche Bereiche der Qualitätspolitik ist die Leitung verantwortlich?
- Wo ist der/die Qualitätsmanagementbeauftragte hierarchisch eingebunden? Welche Weisungsbefugnisse und Kompetenzen hat er/sie?
- Gibt es Stellenbeschreibungen für die Mitarbeiterinnen und Mitarbeiter? Enthalten sie qualitätsrelevante Aussagen?
- Gibt es eindeutige Zuständigkeiten für bestimmte Aspekte des Qualitätssicherungsprozesses? Welche sind das bzw. sollen das sein?
- Soll es bereichs- bzw. abteilungsübergreifende Arbeitskreise geben, die sich mit Qualitätsfragen beschäftigen (Qualitätszirkel)? Wie sollen diese zusammengesetzt sein? Wie hoch ist der Autonomiegrad der Mitglieder bzw. der Arbeitskreise?
- Soll es Gesamtkonferenzen geben, die sich in regelmäßigen Abständen mit Qualitätsfragen befassen (interne Audits/Qualitätskonferenzen)?
- Soll externe Beratung bei der Qualitätssicherung hinzugezogen werden (z. B. ein Beirat oder eine Unternehmensberatung)?
- Welche Personen bzw. Bereiche müssen zusammenarbeiten, um bestimmte Qualitätsziele zu erreichen? Wie ist dies zu bewerkstelligen?
- Ist die bestehende Organisationsstruktur hinreichend, um die Qualitätsziele zu erreichen? Oder be- bzw. verhindert sie eine effektive Qualitätspolitik?
- Wie werden die Teilnehmenden und Kundinnen bzw. Kunden eingebunden? Sollen z. B. Teilnehmerräte eingeführt werden?

12.2.2 Abläufe und Prozesse

Mit der Festlegung von Zuständigkeiten und Verantwortlichkeiten sind implizit schon viele Abläufe festgelegt. Wichtig ist, dass über die formale Zuständigkeit hinaus ein umfassendes Qualitätsbewusstsein bei allen Beschäftigten vorhanden ist, das nicht an den Zuständigkeitsgrenzen endet. Qualitätsbewusstsein bzw. Qualitätssensibilität kann nicht verordnet werden, sondern muss in der internen Auseinandersetzung über den besten Weg zu mehr Weiterbildungsqualität wachsen.

In diesem Zusammenhang ist davor zu warnen, alle möglichen Ereignisse, seien sie auch noch so banal oder unwahrscheinlich, in einer detaillierten Verfahrensanweisung zu regeln. Zum einen verschlingt dies einen großen Teil von Arbeitskraft und -zeit, zum anderen dämpft es die Entscheidungsfreudigkeit und das Engagement der Beschäftigten. Verfahrensanweisungen sollten sich auf die Schlüsselprozesse konzentrieren und sind ständig auf ihre Wirksamkeit und Handhabbarkeit hin zu überprüfen.

12.3 Personalmanagement

Das Personal in einer Weiterbildungseinrichtung ist im hohen Maße erfolgskritisch: Es plant und organisiert die Veranstaltungen, es berät und unterrichtet die Teilnehmenden, es knüpft Geschäftskontakte und eröffnet Kooperationsbeziehungen, es stellt Förderanträge und verwaltet die Teilnahmedaten, es erstellt Statistiken und betreibt Interessenpolitik. Die Bedeutsamkeit des Personals wird auch dadurch deutlich, dass im Regelfall der Löwenanteil der Ausgaben einer Weiterbildungseinrichtung auf Personalkosten entfallen.

12.3.1 Personalauswahl

In der Weiterbildung bzw. im gesamten Bildungswesen ist die Personalauswahl eine zentrale Stellgröße, weil Bildungsprozesse in hohem Maße personalgebunden sind. Qualitätsrelevant sind die folgenden Teilprozesse:

- Auswahl des Rekrutierungskanals (z. B. Zeitungsannonce, Internet, Mundpropaganda, Headhunter),
- Formulierung des Anforderungsprofils (z. B. formale Qualifikation, einschlägige Erfahrungen, Schlüsselkompetenzen wie Führungs- und Kommunikationsfähigkeit, Zusatzqualifikationen, Persönlichkeit, Einstellungen, Werte),
- Zusammensetzung der Auswahlgruppe (z. B. Führungskräfte, spätere Kolleginnen und Kollegen, externe Beraterinnen und Berater),
- Form der Vorauswahl (z. B. nur nach formaler Qualifikation, Originalität der Bewerbung, Punktesystem),
- Form der Personalvorstellung (z. B. Assessment-Center, Einzelgespräche, Arbeitserprobung, Test, Arbeitsprobe).

Die jeweilige Auswahlstrategie ist abhängig von der zu besetzenden Stelle, dem Kosten- und dem Zeitrahmen.

12.3.2 Personalentwicklung

Neben der Personalauswahl ist auch die Entwicklung der vorhandenen Mitarbeiterinnen und Mitarbeiter ein Schlüsselprozess. Personalentwicklung (PE) kann auf eine ganze Reihe von Instrumenten zurückgreifen:

- Personalentwicklungsgespräch,
- Mitarbeiterfortbildung,
- Job-Rotation,
- Erweiterung des Zuständigkeitsbereichs (Jobenrichment, Jobenlargement),
- Auslandsaufenthalt,
- Outplacement.

Gerade für Weiterbildungseinrichtungen dürfte die Mitarbeiterfortbildung eine besondere Rolle spielen, weil ein großer Teil des Lehrpersonals nebenberuflich bzw. ehrenamtlich tätig ist und somit für viele PE-Maßnahmen gar nicht ins Blickfeld gerät.

12.3.3 Mitarbeiterfortbildung

Im Folgenden wird versucht, Grundstrukturen eines Verfahrens für die Mitarbeiterfortbildung zu skizzieren. Die Weiterbildungseinrichtungen können dann dieses Gerüst zur weiteren Konkretisierung nutzen, um den jeweiligen Gegebenheiten vor Ort gerecht zu werden. Eine besondere Herausforderung ist dabei die Einbindung der nebenberuflich Lehrenden.

12.3.3.1 Schritt 1: Bestandsaufnahme

Für alle Mitarbeiterinnen und Mitarbeiter wird eine Bestandsaufnahme der Qualifikationen und Kompetenzen vorgenommen. Dies geschieht über eine schriftliche Befragung, in der die Beschäftigten ihre Qualifikationen und Kompetenzen angeben. Darüber hinaus nimmt die bzw. der jeweilige Vorgesetzte eine Einschätzung der bzw. des Mitarbeitenden vor. Dabei sind folgende Kriterien leitend:

- Fach- und Methodenkenntnisse,
- Flexibilität,
- Selbstständigkeit und Verantwortungsbereitschaft,
- Entscheidungsverhalten,

- Arbeitsproduktivität,
- Arbeitsqualität,
- Führungsverhalten.

Die Bestandsaufnahme wird laufend aktualisiert. Eine Mitarbeiterbeurteilung findet mindestens einmal jährlich statt. Die genannten Kriterien gelten natürlich gleichermaßen bei der Neueinstellung bzw. Neuverpflichtung von Mitarbeiterinnen und Mitarbeitern.

12.3.3.2 Schritt 2: Durchführen von Personalgesprächen

Die jeweiligen Vorgesetzten führen mit den Mitarbeitenden Personalgespräche, bei denen die Ergebnisse der Bestandsaufnahme, der Personalbewertung, die Erwartungen der Einrichtung, die Erwartungen und Perspektiven der bzw. des Mitarbeitenden Gegenstand sind.

12.3.3.3 Schritt 3: Bedarfsfeststellung

Die Bedarfsfeststellung erschöpft sich nicht in einer Abfrage der Weiterbildungsbedürfnisse der einzelnen Mitarbeiterinnen und Mitarbeiter. Hinzukommen müssen:

- die Festlegung der Unternehmensziele (wie lauten die Entwicklungsziele, welche Qualifikationen werden zum Erreichen dieser Ziele benötigt?),
- die Festlegung der zu entwickelnden Qualifikationspotenziale (welche Mitarbeiterinnen und Mitarbeiter sollen sich wie entwickeln, welche Aufgaben sollen sie erfüllen, welche Qualifikationen brauchen sie dazu?),
- die Feststellung aktueller Qualifikationsdefizite im fachlichen und im überfachlichen Bereich.

Die eigentliche Bedarfserhebung verläuft in drei Schritten:

- Einschätzung des Qualifikations- und Entwicklungspotenzials von jeder und jedem Mitarbeitenden durch die bzw. den Vorgesetzten,
- Befragung der Mitarbeitenden nach wahrgenommenen Qualifikationsdefiziten,
- Befragung der Mitarbeitenden nach selbst wahrgenommenen Qualifikationsbedarfen bzw. -potenzialen.

12.3.3.4 Schritt 4: Entwicklung eines Fortbildungsprogramms

Der Abgleich von Soll und Ist erfolgt nicht mechanisch, sondern in einem diskursiven Prozess. Dieser Prozess ist offen für Änderungen der Zielsetzungen und der Potenzial- und Defiziteinschätzungen.

Im Ergebnis ist für jede und jeden Mitarbeitenden klar, was erwartet wird und welche Potenziale noch entwickelt werden müssen. Im Rahmen dieses diskursiven Prozesses wird geklärt,

- wie die Fortbildung durchgeführt wird (extern oder intern),
- wer sie durchführt,
- welches Budget dafür zur Verfügung steht,
- welche zeitliche Priorität einzelne Maßnahmen haben und
- wer daran teilnimmt.

12.3.4 Outplacement

PE-Prozesse können auch zu dem Ergebnis führen, dass die bzw. der Mitarbeitende und der aktuelle Arbeitsplatz nicht zueinander passen. Professionelles Personalmanagement würde versuchen, fair und unaufgeregt nach einer Lösung zu suchen. Dabei sind folgende Wege denkbar:

- Versuch einer Versetzung im Betrieb oder im Konzern auf einen Arbeitsplatz, der den Fähigkeiten der betreffenden Person besser entspricht,
- Beratung und Unterstützung bei der Suche nach einem Arbeitsplatz außerhalb des Betriebs,
- Schaffen von materiellen Anreizen zum freiwilligen Verlassen des Betriebs (z. B. Abfindung, begrenzte Lohnfortzahlung).

Outplacement-Prozesse können auch ganze Gruppen von Beschäftigten treffen, wenn sich der Betrieb verkleinern will oder muss. So kann z. B. älteren Beschäftigten der vorzeitige Übergang in den Ruhestand durch finanzielle Anreize und andere Übergangsmaßnahmen (z. B. Seminare zur Vorbereitung auf den Ruhestand) schmackhaft gemacht werden.

12.4 Curriculumentwicklung

Die Entwicklung von neuen Curricula ist ein Schlüsselprozess in einer Weiterbildungseinrichtung. Sie entspricht z. B. der Produktentwicklung in einem Industriebetrieb. Nicht zuletzt das Spektrum der Weiterbildungsveranstaltungen, welche eine Einrichtung anbieten kann, entscheidet über ihre Wettbewerbsfähigkeit, ihre Stellung am Markt, ihre Reputation, ihre Expansionsmöglichkeiten.

Es lässt sich eine ganze Reihe von Kriterien benennen, die die Güte eines Curriculums ausmachen:

- Aktualität,
- Praxisorientierung und Anwendungsbezug,
- Stringenz,
- Systematik,
- Methodenvielfalt,
- Adressatengerechtigkeit,
- Offenheit,
- Neutralität,
- Originalität,
- Ganzheitlichkeit.

Einzelne dieser Kriterien können durchaus in „Konkurrenz" zueinander stehen (z. B. „Offenheit" und „Stringenz"). Eine Gewichtung ist jeweils curriculumspezifisch vorzunehmen (z. B. in Abhängigkeit vom Inhalt, von der Zielgruppe, der Dauer).

Der Prozess der Entwicklung eines Curriculums durchläuft idealtypisch drei Stadien:

- Bedarfsanalyse,
- Konzeptentwicklung,
- Erprobung.

Alle drei Phasen sind gleichermaßen wichtig. So können Schwächen oder Fehler bei der Bedarfsanalyse durch ein ausgefeiltes Konzept oder eine facettenreiche Erprobung nicht ausgeglichen werden.

12.4.1 Bedarfsanalyse

Die Bedarfsanalyse liefert das Basismaterial für die Konzeptentwicklung und stellt von daher die Weichen, inwieweit die darauf aufbauende Weiterbildungsveranstaltung handlungs- und anwendungsreif ist. Für die Einrichtung entstehen folgende Fragen:

- Wer führt die Bedarfsanalyse durch?
- Welcher zeitliche und finanzielle Aufwand wird für akzeptabel und sachgerecht gehalten?

12.4 Curriculumentwicklung

- Gibt es einen standardisierten Ablauf der Bedarfsanalyse?
- Mit welcher Methode wird die Bedarfsanalyse durchgeführt?
- Gibt es Standards oder Erfahrungen, auf die zurückgegriffen werden kann?
- Werden vergleichbare Veranstaltungen auf dem Markt angeboten?
- Müssen Expertinnen bzw. Experten hinzugezogen werden?
- Kann auf bestehende Untersuchungen zurückgegriffen werden?
- Können Erfahrungen von ehemaligen Teilnehmenden ausgewertet werden?
- Werden auch Bedarfsanalysen für schon „etablierte" Veranstaltungen durchgeführt?

Zu beachten ist bei allen Formen von Bedarfsanalyse, dass sie methodisch problematisch sind, weil die Bedarfslagen nicht stabil sind. Um dieser prinzipiellen Unsicherheit zu begegnen und die Risiken einer „schiefen" (weil einseitigen) Bedarfsbekundung zu verringern, empfiehlt es sich, möglichst viele verschiedene Personen und Einrichtungen einzubeziehen. Der Aufwand für eine Bedarfserhebung kann sehr hoch sein (z. B. bei einer groß angelegten Befragung von möglichen Teilnehmenden). Deshalb empfiehlt es sich meistens, pragmatisch vorzugehen und schnell erschließbare Quellen (z. B. Analyse der Angebote der konkurrierenden Einrichtungen, Rückmeldungen aktueller Teilnehmenden) zu nutzen.

12.4.2 Konzeptentwicklung

Die gewonnenen Erkenntnisse aus der Bedarfsanalyse, Konzepte bewährter ähnlicher Veranstaltungen und die Grundmuster der Curriculumkonstruktion bilden das Ausgangsmaterial für die Konzeptentwicklung. Im Auge zu behalten ist, dass das Konzept auch von der Einrichtung durchführbar sein muss, also auf die speziellen räumlichen, personellen und finanziellen Bedingungen zugeschnitten sein sollte. Folgende Fragen stehen dabei im Raum:

- Wer führt die Konzeptentwicklung durch?
- Welche Personen/Stellen sind zu beteiligen? Sind die Personen/Stellen kompetent?
- Gibt es (standardisierte) Vorgaben, die bei jeder Curriculumkonstruktion eingehalten werden müssen? Welche sind das?
- Wird die Konzeptentwicklung geplant?
- Welche Rolle spielen die „Kundinnen" bzw. „Kunden" bei der Curriculumkonstruktion? Werden sie in irgendeiner Form einbezogen?
- Was sollte ein Curriculum mindestens enthalten?

- Welche Gestaltungsspielräume erhalten die Lehrenden und Lernenden?
- Wird die spätere Evaluierung von Lehr- bzw. Lernprozessen schon bei der Curriculumentwicklung berücksichtigt?
- Sind die Honorardozentinnen und -dozenten mit einbezogen?
- Welche Rolle spielt die Einrichtungsleitung bei der Konzeptentwicklung?

12.4.3 Erprobung

Die Erprobung ist oft das „Stiefkind" der Curriculumentwicklung, weil aus Zeit- und Kostengründen dafür keine Spielräume mehr vorhanden sind. Zu fragen ist:

- In welchem Rahmen findet eine Erprobung statt?
- Wird das Konzept extern überprüft?
- Welche Evaluationsinstrumente werden bei der Erprobung eingesetzt?
- Wie werden die Evaluationsergebnisse gewonnen? Wer bewertet sie?
- Wer entscheidet über Änderungen der Konzeptentwicklung als Resultat der Erprobung?

Nach der Erprobung ist zu klären, ob und wie das Curriculum eingesetzt wird. Der soeben beschriebene Prozess wird bei jedem Einsatz des Curriculums neu durchlaufen, es sollte eine ständige Rückkopplung geben. Das Curriculum ist aufgrund von Bedarfsänderungen und Umsetzungserfahrungen ständig zu überprüfen und ggf. zu ändern. Ein derartiger Prozess setzt die Bereitschaft der Beteiligten voraus und kostet Zeit und Geld.

12.5 Steuerung von Bildungsprozessen

Aspekte dieses Themas werden auch im Zusammenhang mit den Abschnitten „Umgang mit Fehlern" und dem Evaluationskapitel behandelt. Im Kern geht es darum, während des Weiterbildungsprozesses die Qualität zu prüfen, um dann bei Abweichungen von der gewünschten bzw. erwarteten Qualität Verbesserungsmaßnahmen einleiten zu können.

12.5.1 Eingriffspunkt: Anmeldung und Beratung

Schon vor der eigentlichen Maßnahme werden Weichen gestellt, die die Qualität entscheidend beeinflussen können. Deshalb sind die folgenden Fragen hilfreich:

12.5 Steuerung von Bildungsprozessen

- Werden die Teilnehmenden bei der Anmeldung beraten?
- Werden die Zielsetzungen der Veranstaltungsteilnahme abgefragt, wird über mögliche Verwendungssituationen der Lerninhalte gesprochen?
- Nach welchen Gesichtspunkten werden die Teilnehmergruppen zusammengestellt?
- Werden die Lehrinhalte und -methoden nach der Anmeldephase geändert bzw. angepasst?
- Wer ist für diesen Änderungsprozess verantwortlich?

12.5.2 Eingriffspunkt: Einstiegsphase

Auch der Einstieg in eine Veranstaltung kann genutzt werden, um Inhalt und Methodik besser auf die Bedürfnisse und Vorkenntnisse der Teilnehmenden auszurichten.

- Wird versucht, in der Einstiegsphase die Vorkenntnisse, Lernerfahrungen, Zielsetzungen und Verwertungszusammenhänge des zu Lernenden abzuklären?
- Wie flexibel sind die Lehrkräfte bzw. Ausbildenden und die Curricula, um auf sich abzeichnende Änderungsnotwendigkeiten reagieren zu können?
- Wer ist für derartige Änderungen verantwortlich?

12.5.3 Eingriffspunkt: Ergebnisse von Leistungstests

Bei vielen Lehrveranstaltungen werden die Lernfortschritte der Teilnehmenden über Tests sichtbar gemacht. Aus den Ergebnissen lassen sich entsprechende didaktische Schlussfolgerungen ziehen.

- Haben die Ergebnisse von Leistungstests Auswirkungen auf den Maßnahmenablauf? Wenn ja, welche?
- Gibt es personelle und curriculare Spielräume für individuelle Differenzierungen?
- Wie weit reicht die Verantwortung der Lehrgangsleitung bei solchen Umstrukturierungsprozessen?

12.5.4 Eingriffspunkt: Lernerfeedback

Auch das Feedback der Lernenden ist eine Quelle, die noch während der Veranstaltung für Verbesserungen genutzt werden kann.

- Werden die Teilnehmenden regelmäßig nach ihrer Einschätzung des Lernerfolgs befragt?
- Werden die Lerneräußerungen ausgewertet?
- Wer nimmt diese Auswertung vor, und welche Konsequenzen können daraus gezogen werden?

12.5.5 Eingriffspunkt: Reflexion des Unterrichtsgeschehens durch die Lehrenden

Schließlich können auch die Reflexionsprozesse der Lehrenden zu qualitätsverbessernden Impulsen führen. Praktisch geht es um die Beantwortung der folgenden Fragen:

- Gibt es eine Orientierungslinie für Lehrende zur Beurteilung des Lerngeschehens (etwa wie in Abschn. 11.3.3 vorgestellt)?
- Wie bewusst läuft der Prozess der Reflexion ab?
- Gibt es darüber hinaus Möglichkeiten der professionellen Unterstützung (z. B. in Form von Coaching oder Supervision)?

12.6 Umgang mit Fehlern, Beschwerden und Störungen sowie Fehlervorbeugung

Das Auftreten von Fehlern und Störungen sowie Beschwerden von Lernenden sind eindeutige Signale dafür, dass die Qualitätssicherung nicht hinreichend funktioniert. Es sollte allerdings nicht der Eindruck entstehen, dass bei Bildungsprozessen eine Null-Fehler-Strategie Erfolg versprechend sein könnte. Zum einen sind derartige Vorgänge zu komplex und damit fehleranfällig, zum anderen ist der Fehler- oder Störungsbegriff zu ambivalent. Was von der einen Person als Störung empfunden wird, ist für die andere eine Herausforderung.

So lästig Fehler und Beschwerden auch sind, sie stellen gleichzeitig auch Chancen dar für Verbesserungsprozesse, durch sie werden Schwachstellen sichtbar, die bisher unentdeckt geblieben sind. Ein Vorstand eines großen Dienstleistungsunternehmens bringt diesen Gedanken auf den Punkt: „In jeder Beschwerde stecken ungeahnte Möglichkeiten, das Produkt zu verbessern, die Umsätze zu steigern und die Erträge zu maximieren" (Momberger 1995, S. 558). Fehler- und Beschwerdemanagement sind deshalb zentrale Aufgaben der Qualitätssicherung und -entwicklung.

12.6.1 Beschwerdemanagement

Beschwerden sind Mitteilungen (schriftlich oder mündlich) von „Kundinnen" und „Kunden" oder Lieferanten über Leistungsstörungen (z. B. Schlechtleistung, Verzug). Die Leistungsstörung wird aus der Sicht der beschwerdeführenden Person beschrieben, ist also subjektiv gefärbt und nicht immer zutreffend. Nicht wenige Beschwerden werden von notorisch Unzufriedenen vorgebracht und sind von daher meist substanzlos. Dennoch sollte jede Beschwerde ernst genommen und auf ihre Rechtfertigung hin geprüft werden. Dabei sind folgende Fragen zu beantworten:

- Wer erfährt von den eingehenden Beschwerden?
- Wer ist zuständig für die Bearbeitung von Beschwerden?
- Wie wird die Beschwerde auf ihre Stichhaltigkeit geprüft?
- Gibt es einen standardisierten Ablauf bei der Behandlung von Beschwerden?
- Gibt es eine systematische Auswertung von Beschwerden?
- Erhält die Kundin bzw. der Kunde eine Reaktion auf die Beschwerde?

12.6.2 Fehlermanagement

Nicht jeder Fehler bzw. jede Störung führt automatisch zu einer Beschwerde. So gibt es Fehler zugunsten von Kundinnen bzw. Kunden oder Lieferanten (z. B. ein zu niedriger Rechnungsbetrag) oder solche, die von der Kundin bzw. dem Kunden gar nicht entdeckt werden (können), wie z. B. Fehler im Lehrmaterial.

In der Diskussion um Dienstleistungsqualität wird unterstrichen, dass gerade der Umgang mit Fehlern und Störungen ein wichtiger, wenn nicht sogar der zentrale Maßstab für die Servicequalität ist (vgl. Hansen und Jeschke 1995; Klein 1995; Momberger 1995; Drewes und Klee 1995). Jedenfalls bleibt der souveräne und großzügige Umgang mit Fehlern den Kundinnen und Kunden sehr lange positiv im Gedächtnis. Schon daher empfiehlt es sich, aufgetretene Fehler nicht zu vertuschen, sondern sie einzugestehen und wenn irgend möglich zu beseitigen.

Folgende Fragen sind in diesem Zusammenhang zu beantworten:

- Gibt es ein Regelwerk, wie mit Fehlern und Störungen umgegangen wird?
- Gibt es Spielräume für Wiedergutmachung und Kulanz?
- Wird der Umgang mit Fehlern und Störungen (z. B. im Rahmen der Mitarbeiterfortbildung) trainiert?
- Gibt es eine systematische Fehler- und Störungsauswertung?
- Wer ist für diese Aufgabe zuständig?

12.6.3 Fehlervorbeugung

Im Prinzip zielt das gesamte Qualitätsmanagement darauf ab, Fehlern vorzubeugen, indem Prozesse so organisiert werden, dass sie möglichst von vornherein Fehler vermeiden. Bei der Fehlervorbeugung im engeren Sinne geht es darum, „Sicherungen" einzubauen an solchen Stellen, die besonders fehler- und störanfällig sind. So kann z. B. bei jedem Overhead-Projektor eine Ersatzglühbirne bereitliegen für den Fall, dass die eingesetzte durchbrennt.

Fehlervorbeugung setzt voraus, dass eine Fehleranalyse stattgefunden hat. Für alle Beschäftigten der Einrichtung geht es darum, „fehlersensibel" zu werden, d. h., Fehlerquellen zu erahnen, rechtzeitig aufzuspüren und zu beseitigen. Folgende Fragen sind in diesem Kontext interessant:

- Gibt es in Ihrer Einrichtung Beispiele für Fehlervorbeugung?
- Wie wird diese Fehlervorbeugung instrumentell umgesetzt (z. B. durch Checklisten)?
- Welche Akzeptanz findet die Fehlervorbeugung bei den Beschäftigten?
- Wie wird die Effektivität und Effizienz der Fehlervorbeugung eingeschätzt?

12.7 Zur Reflexion

- Formulieren Sie für eine Bildungseinrichtung Ihrer Wahl Qualitätsziele.
- Mit welchen Methoden würden Sie als Einrichtungsleitung Bildungsprozesse steuern?
- Welche Schwierigkeiten macht eine Bedarfsanalyse im Vorfeld einer Curriculumentwicklung?
- Halten Sie in Bildungseinrichtungen eine Null-Fehler-Strategie für sinnvoll und erstrebenswert?

12.8 Literaturtipps

- Grilz, W. (1998). *Qualitätssicherung in Bildungsstätten. Anleitung zur Erstellung eines Qualitätshandbuches.* Neuwied: Luchterhand.
- Thombansen, U., Laske, M., Possler, C., & Rasmussen, B. (1994). *Vertrauen durch Qualität. Qualitätsmanagement im Weiterbildungsunternehmen.* München: Neuer Merkur.

Literatur

Drewes, W., & Klee, J. (1995). Messung der Dienstleistungsqualität und Qualitätsmanagement bei Kreditinstituten – Am Beispiel einer deutschen Großsparkasse. In M. Bruhn & B. Stauss (Hrsg.), *Dienstleistungsqualität. Konzepte – Methoden – Erfahrungen* (2., überarb. u. erw Aufl., S. 495–524). Wiesbaden: Gabler.

Hansen, U., & Jeschke, K. (1995). Beschwerdemanagement für Dienstleistungsunternehmen – Beispiel des KfZ-Handels. In M. Bruhn & B. Stauss (Hrsg.), *Dienstleistungsqualität. Konzepte – Methoden – Erfahrungen* (2., überarb. u. erw Aufl., S. 525–550). Wiesbaden: Gabler.

Klein, H. (1995). Qualitätsmanagement der Deutschen Lufthansa AG. In M. Bruhn & B. Stauss (Hrsg.), *Dienstleistungsqualität. Konzepte – Methoden – Erfahrungen* (2., überarb. u. erw. Aufl., S. 477–493). Wiesbaden: Gabler.

Momberger, W. (1995). Qualitätssicherung als Teil des Dienstleistungsmarketing – Das Steigenberger Qualitäts- und Beschwerdemanagement. In M. Bruhn & B. Stauss (Hrsg.), *Dienstleistungsqualität. Konzepte – Methoden – Erfahrungen* (2., überarb. u. erw Aufl., S. 551–562). Wiesbaden: Gabler.

Bilanz und Perspektiven der Qualitätsdiskussion in der Weiterbildung

13

Die vorangegangene Analyse hat deutlich gemacht, dass die zurzeit stattfindende Qualitätsdiskussion bereits eine Tradition hat, die weit zurückreicht und in den 1970er-Jahren ihren Kulminationspunkt erreichte. Viele der Fragestellungen, die schon früher erörtert wurden, sind auch heute noch aktuell: Was zeichnet eine „gute" Lehrkraft aus? Wie lässt sich der Lernerfolg erhöhen? Welche Merkmale muss ein Unterrichtskonzept aufweisen? Die Antworten auf diese und ähnliche Fragen sind allerdings sehr verschieden.

Die andragogisch geführte Diskussion der 1970er-Jahre setzte vorrangig bei der Kursleitung als strategischem Hebel zur Verbesserung der Qualität an. Qualitätsverbesserung geht einher mit Professionalisierung. Heute sind Teilnehmende als Kundinnen bzw. Kunden in einer qualitätsdefinierenden Position: Sie schreiben, übertrieben ausgedrückt, vor, was die Lehrkraft bzw. die Weiterbildungseinrichtung zu leisten hat. Diese Übertragung der Kundenbeziehung auf die Weiterbildung hat dazu geführt, dass die Teilnehmenden instrumentell mit qualitätssichernden Instrumenten wie z. B. Checklisten ausgestattet werden, mit deren Hilfe sie die „Leistungserbringung" durch die Weiterbildungseinrichtung kontrollieren können.

In den 1970er-Jahren standen der Lehr-Lern-Prozess und seine Optimierung im Mittelpunkt der Betrachtung. Heute wird verstärkt der Akzent auf die Rahmenbedingungen des Lernens (z. B. Ausstattung, Medieneinsatz) gesetzt. Vielfach geraten sogar die „Äußerlichkeiten" des Bildungsprozesses stärker in den Blickpunkt, weil sie leichter zu überprüfen sind.

Fragen der Einrichtungsqualität spielten vor dreißig Jahren kaum eine Rolle, allenfalls wurde indirekt auf sie Bezug genommen. Heute wird Qualität in der Weiterbildung in hohem Maße über die Einrichtungsqualität bestimmt, sie ist über Trägerprüfungen, Gütesiegel, Anerkennungsverfahren und Wettbewerbe instrumentell präsent und basiert auf der Vorstellung, dass „gute" Rahmenbedingungen auch zu „guter" Weiterbildung führen – eine Annahme, die Plausibilität für sich beanspruchen kann, aber keineswegs als deterministischer Zusammenhang zu werten ist.

In den 1970er-Jahren gelangten Fragen der Systemqualität in den Vordergrund, weil es in Zeiten eines bildungspolitischen Aufbruchs darum ging, die regionalen Bildungssysteme auszubauen und zu optimieren. Damit verbunden waren Gestaltungswille und Planungsbegeisterung, Haltungen, die bei der Umsetzung der Reformideen und beim Scheitern vieler hochgesteckter Erwartungen in Ernüchterung und Skepsis umschlugen. Heute herrscht eher eine planungsfeindliche Grundstimmung, es wird verstärkt auf Marktkräfte und individuelle Strategien gesetzt.

Die Qualitätsdiskussion der 1970er-Jahre hatte auch den Anspruch, kritisch-emanzipatorisch zu sein, die Mündigkeit der Menschen zu fördern und die Demokratie zu festigen. Es ging darum, die gesellschaftlichen Partizipationschancen von weiten Teilen der Bevölkerung zu erhöhen. Heute sind die Anstrengungen zur Qualitätssicherung eher auf Effizienzsteigerung ausgelegt, sie orientieren sich ökonomisch über Nutzen-Kosten-Überlegungen.

Die Vorgehensweise war früher kritisch-analytisch angelegt sowie gesellschafts- und bildungstheoretisch fundiert. Heute zeigt sich eine überwiegend pragmatisch-instrumentelle Form des Herangehens, die darauf ausgerichtet ist, möglichst schnell praktische Verbesserungen zu erzielen.

Die Diskussion der 1970er-Jahre sah Teilnehmende als Bürgerinnen und Bürger, als lernende Persönlichkeiten. Weiterbildung wurde fast ausschließlich als Teilsystem des Bildungswesens gesehen, nicht als Dienstleistungsbereich, in dem es auch um wirtschaftliche Interessen geht. Teilnehmende auch in ihrer Rolle als Verbraucherinnen und Verbraucher wahrzunehmen, die es z. B. vor Übervorteilung zu schützen gilt, ist eine Sichtweise, die erst mit der neueren Qualitätsdiskussion aufkam.

Der Nutzen von Bildungsanstrengungen wurde in den 1970er-Jahren sehr umfassend gesehen, als Entwicklungs- und Entfaltungschance für alle. So wurde auch die Output- und Outcomequalität sehr umfassend definiert, während sie heute oft auf die unmittelbaren Folgen einer Weiterbildung (z. B. Integration in das Erwerbsleben, beruflicher Aufstieg, Arbeitsplatzsicherheit) verkürzt ist.

Die Akteurinnen und Akteure in den setzten damals in hohem Maße auf Diskurs, auf die fachliche Auseinandersetzung, weniger auf das definitive Urteil z. B. mit Blick auf eine Weiterbildungsveranstaltung. Benotungen und die Vergabe von Punktzahlen kamen nicht infrage, während heute eine Tendenz zur Quantifizierbarkeit, zur Operationalisierung und zur Testierung nicht zu verkennen ist.

Neben diesen Unterschieden sei auch noch auf einige Parallelen hingewiesen, die sich vorrangig aus Querbeziehungen zum Curriculumansatz speisen. So sind der Qualitätskreis und das Vorgehen bei der „rollenden" Curriculumrevision ähnlich angelegt (vgl. Robinsohn 1967). Das Betonen der Notwendigkeit von Lernzielen und von Bedarfsanalysen findet sich in beiden Perioden, auch Elemente der Teilnehmerorientierung lassen sich als Anforderung nach der Anwendbarkeit des Gelernten und nach Praxisbezug in der neueren Qualitätsdiskussion erkennen. Schließlich findet sich auch die Aufforderung zur Evaluation in beiden Diskussionszusammenhängen wieder, wenn auch mit jeweils anderer Akzentsetzung (zum einen Evaluation als Basis für Reflexion, zum anderen als Instrument zur Beurteilung und zur Kontrolle).

Erwähnt werden muss an dieser Stelle noch, dass auch die erziehungswissenschaftliche Forschung in den letzten Jahren neue Sichtweisen entwickelt hat, die zum Teil in deutlichem Kontrast zu den Anschauungen der 1970er-Jahre stehen und auch für den Qualitätsaspekt von großer Bedeutung sind.

An erster Stelle ist hervorzuheben, dass die Relevanz der Lehre bzw. der Lehrenden deutlich geringer eingestuft wird als früher. Es wird vom Lehr-Lern-Kurzschluss (vgl. Holzkamp 1995, S. 391–399) gesprochen und Stellung bezogen gegen eine sogenannte Erzeugungsdidaktik (vgl. Arnold und Siebert 1995, S. 135). Es wird hervorgehoben, dass Erwachsene nicht unbedingt das lernen, was gelehrt wird, sondern eigene Zugänge zum Lehrstoff finden und ihn vor dem Hintergrund eigener Erfahrungen und Verwertungszusammenhänge bewerten, gewichten und verarbeiten.

Die neue Sichtweise des Lernens und Lehrens verlangt auch Lehrkräfte neuen Typs. Nicht mehr vorrangig fachlich versierte Dozentinnen und Dozenten, sondern Moderatorinnen bzw. Moderatoren, die Lernprozesse ermöglichen sind gewünscht. Sie sollten evolutionäre Gelassenheit sowie Pluralitätskompetenz aufweisen und über prozessual-formale Kompetenz verfügen. Die Erzeugungsdidaktik wird durch die Ermöglichungsdidaktik abgelöst (vgl. Arnold und Siebert 1995, S. 6, 128).

Eingeschlossen in diese Ermöglichungsdidaktik ist die Forcierung von individuellen Lernvorgängen. Lernprozesse werden zum größten Teil so angelegt, dass sie selbst organisiert werden können. Des Weiteren hat heute die Lernumgebung einen höheren Stellenwert als früher. Die Lernwelten werden ästhetisiert und gestylt. Für den Lernfortschritt und die Motivation der Teilnehmenden ist das Setting oft von größerer Bedeutung als der Lerninhalt.

Diese neuen Akzentsetzungen sind wesentlich geprägt durch eine konstruktivistische Lerntheorie, die davon ausgeht, dass Wirklichkeiten von den Individuen konstruiert werden, wobei ihr Lebens- und Erfahrungshintergrund dabei eine wesentliche Rolle spielt. Diese Erkenntnistheorie verbietet die Proklamation ewiger Gewissheiten und betont die Relativität von Erscheinungen und Ansichten.

Eine solche Sichtweise hat natürlich auch eine spezifische Behandlung des Qualitätsproblems zur Folge. Die Relativität der Betrachtung wird auf die Qualitätsstandards übertragen, sodass sie vorläufig, interpretationsfähig und kontextabhängig definiert werden. Bestimmte Bereiche entziehen sich danach überhaupt einer Qualitätsmessung.

Was hat nun die Qualitätsdiskussion in der Weiterbildung bewirkt? Sichtbar ist, dass Qualitätsmanagement in der Weiterbildung und auch im übrigen Bildungssystem allgegenwärtig ist und zum Alltagshandeln von Bildungseinrichtungen gehört. Der damit verbundene, nicht unbeträchtliche Aufwand ist allerdings nur dann gerechtfertigt, wenn positive Effekte damit erzielt werden. Belege dazu sind eher selten, wie die nachfolgende Zusammenstellung zeigt (vgl. ausführlich Gnahs 2011).

Eine Quelle ist die Studie des Instituts für Entwicklungsplanung und Strukturforschung (IES) und der Sozialwissenschaftlichen Forschung und Beratung (SOFUB) im Auftrag des Bundesinstituts für Berufsbildung (BIBB; vgl. Balli et al. 2004). Danach behaupten drei Viertel der befragten Weiterbildungseinrichtungen, dass sich die Qualitätsentwicklung in den letzten drei Jahren verbessert habe, fast ebenso viele äußern aber auch, dass die Qualitätsentwicklung erst am Anfang stehe (BIBB; vgl. Balli et al. 2004; vgl. auch Bötel und Krekel 2004, S. 23). Neben diesen eher vagen Einschätzungen zur Weiterbildungsqualität stehen aber vergleichsweise klare Aussagen zur einrichtungsinternen Wirkung von Qualitätsmanagement: 80 % betonen eine Verbesserung der Arbeitsabläufe und 73 % eine höhere Zufriedenheit der Mitarbeitenden (vgl. Gnahs und Kuwan 2004, S. 44).

Ein paar Jahre später ist eine dezidierte Wirkung des Qualitätsmanagements immer noch nicht nachweisbar. „Zwar werden QMS in der beruflichen Weiterbildung inzwischen häufig eingesetzt, ob sie aber in der Praxis erfolgreich sind, steht auf einem anderen Blatt", führt die Stiftung Warentest (2008, S. 2) aus. „Die Verwendung eines Systems lässt zwar bei näherer Betrachtung einige Schlüsse zu, garantiert aber noch keine gute Weiterbildung" (Stiftung Warentest 2008).

Deutlich konkreter werden die Aussagen zwei Jahre später im Rahmen einer Expertenrunde zur Erörterung von Ergebnissen des BMBF-geförderten Projekts „Einfluss und Wirkungen von Qualitätsmanagementsystemen und Evaluationen auf die Qualität beruflicher und betrieblicher Weiterbildung – Analyse und Optimierung" (Töpper 2012). Nach der Analyse und vergleichenden Bewertung von 43 Bildungstest aus dem Zeitraum 2002 bis 2009 wird festgehalten, dass die Analyse keinen Zusammenhang zwischen der Anwendung eines QM-Systems und der Qualität von Bildungsveranstaltungen ergab (vgl. Töpper und Kalman 2010; vgl. auch Töpper 2012).

In die gleiche Kerbe schlägt ein Gutachten (Baetge et al. 2013, S. 67): „Über die Wirkung der Qualitätssicherungssysteme in der Bildungspraxis ist wenig bekannt. Insbesondere ist unklar, inwieweit die verschiedenen Systeme über die Steuerung von Prozessen hinaus sich auch in der Qualität des Lehrens und Lernens sowie der Lernergebnisse niederschlagen."

Mit diesem Befund drängt sich die Frage nach einer Nutzen-Kosten-Betrachtung auf, wie sie der renommierte Schweizer Ökonom Frey (2007) in seinem Aufsatz „Evaluierungen, Evaluierungen ... Evaluitis" vornimmt. Er macht deutlich, dass nicht jede Evaluation per se sinnvoll ist, sondern es immer einer strengen Abwägung zwischen Nutzen und Kosten solcher Anstrengungen bedarf. Zudem haben Evaluationen Nebenwirkungen, indem sie z. B. über die Evaluationskriterien Signale setzen, was wichtig ist oder als wichtig angesehen wird, und damit Ressourcen lenken und Verschiebungen zwischen funktionalen Arbeitsteilungen einleiten. Streng ökonomisch gesehen, sind Evaluationsaktivitäten nur dann sinnvoll, wenn der Ertrag (z. B. in Form von höheren Umsätzen, von Kosteneinsparungen durch Effizienzsteigerungen oder von Kundenbindung) höher ausfällt als der Aufwand z. B. durch Personaleinsatz, Beratung und Zertifizierung.

Frey (2007) führt weiter aus, dass die einmal in Schwung gebrachte Evaluationsspirale die Tendenz hat, sich weiter und immer schneller zu drehen: „Die Institutionen und Personen, welche die Evaluation durchführen, haben ein direktes Einkommens- und Karriereinteresse.... Sie sind deshalb bestrebt, Evaluationen auf immer weitere Bereiche auszudehnen, zu intensivieren und in immer kürzeren Abständen durchzuführen" (S. 213).

Diese Sichtweise wirft die Frage auf, ob QM zum Selbstzweck wird oder sich – der eigenen Logik folgend – selbst auf den Prüfstand stellt. Zu fragen ist deshalb: Sind die Qualitätskriterien die fachlich-inhaltlich gebotenen oder nur im Spiel, weil sie leichter messbar sind? Führt der QM-Aufwand tatsächlich zu Verbesserungen bei der Aufgabenerfüllung? Inwieweit leidet das Kerngeschäft unter den Qualitätsaktivitäten? Welche Folgen haben permanente Dokumentations- und Nachweispflichten auf die Motivation der Betroffenen?

Auf die letzte Frage hatte Faulstich schon 1999 eine prägnante Antwort: „Die Wechselbäder von just-in-time, total-quality-management, lean production, business-reengineering, out-sourcing und in-sourcing haben oft dazu geführt, dass erschöpfte Arbeitskräfte übrig geblieben sind, denen die gerade geforderte Motivation und gar Kreativität ausgetrieben worden sind" (S. 158). Um dieser erschöpfenden Fremdbestimmung zu entgehen, fordert der Autor ein „diskursives Qualitätskonzept" (S. 169), das die verschiedenen Beteiligten mit ihren unterschiedlichen Interessen einbindet.

Qualitätsentwicklung darf keinen Selbstzweck erfüllen, sondern muss stets den Zielen der Einrichtung und den handelnden Akteurinnen und Akteuren dienen und darf diese nicht behindern.

Literatur

Arnold, R., & Siebert, H. (1995). *Konstruktivistische Erwachsenenbildung. Von der Deutung zur Konstruktion von Wirklichkeit.* Baltmannsweiler: Schneider.
Baetge, M., Severing, E., & Weiß, R. (2013). *Handlungsstrategien für die berufliche Weiterbildung* (Reihe: Berichte zur beruflichen Bildung). Bielefeld: Bertelsmann.
Balli, C., Krekel, E. M., & Sauter, E. (Hrsg.). (2004). *Qualitätsentwicklung in der Weiterbildung – Wo steht die Praxis?* (Berichte zur beruflichen Bildung, Bd. 262). Bielefeld: Bertelsmann.
Bötel, C., & Krekel, E. M. (2004). Trends und Strukturen der Qualitätsentwicklung bei Bildungsträgern. In C. Balli, E. M. Krekel, & E. Sauter (Hrsg.), *Qualitätsentwicklung in der Weiterbildung. Wo steht die Praxis?* (Reihe: Berichte zur beruflichen Bildung, Bd. 262; S. 19–40). Bielefeld: Bertelsmann.
Frey, B. S. (2007). Evaluierungen, Evaluierungen … Evaluitis. *Perspektiven der Wirtschaftspolitik 8*(3), 207–220. https://core.ac.uk/download/pdf/85211764.pdf. Zugegriffen: 4. Okt. 2018.
Gnahs, D. (2011). Qualitätsentwicklung am Scheidewege. In S. Möller, C. Zeuner, & A. Grotlüschen (Hrsg.), *Die Bildung der Erwachsenen. Perspektiven und Utopien. Für Peter Faulstich zum 65. Geburtstag* (S. 165–173). Weinheim: Juventa.
Holzkamp, K. (1995). *Lernen. Subjektwissenschaftliche Grundlegung* (Studienausgabe). Frankfurt: Campus.
Gnahs, D., & Kuwan, H. (2004). Qualitätsentwicklung in der Weiterbildung – Effekte, Erfolgsbedingungen und Barrieren. In C. Balli, E. M. Krekel, & E. Sauter (Hrsg.), *Qualitätsentwicklung in der Weiterbildung – Wo steht die Praxis?* (Reihe: Berichte zur beruflichen Bildung, Bd. 262; S. 41–59). Bielefeld: Bertelsmann.
Robinsohn, S. B. (1967). *Bildungsreform als Revision des Curriculum.* Neuwied: Luchterhand.
Stiftung Warentest. (2008). *Transparenz ist nicht in Sicht.* Berlin: Stiftung Warentest. https://www.test.de/Qualitaetsmanagement-Transparenz-ist-nicht-in-Sicht-1531451-0/. Zugegriffen: 13. Sept. 2018.
Töpper, A. (Hrsg.). (2012). *Qualität von Weiterbildungsmaßnahmen. Einflussfaktoren und Qualitätsmanagement im Spiegel empirischer Befunde.* Bielefeld: Bertelsmann.
Töpper, A., & Kalman, M. (2010). *Schaffung von Transparenz im Bereich von Qualitätsmanagementmodellen (QMM) und Erarbeitung einer praxistauglichen Arbeitshilfe (handlungsorientierte Checkliste) zur Einschätzung von QMM* (Endbericht). Berlin: BMBF.

Statt eines Nachworts 14

„Deutsche und Japaner hatten ein Achterrennen veranstaltet, und die Japaner gewannen mit dem unglaublichen Vorsprung von einem Kilometer. Das deutsche Team war sehr betroffen, die Stimmung sank auf den Nullpunkt. Die Leitung des Ruderverbandes entschied dann, dass die Ursachen dieser peinlichen Niederlage unbedingt herausgefunden werden müssten und setzte eine Projektgruppe ein. Nach eingehender Analyse wurde festgestellt, dass bei den Japanern sieben Leute ruderten und ein Mann steuerte, während im deutschen Team nur einer ruderte und sieben steuerten. Um einer weiteren Schmach gegen die Japaner vorzubeugen, entwickelte eine hochbezahlte Beraterfirma auf der Basis der Projektgruppenergebnisse einen Masterplan. Danach sollte die Teamorganisation geändert werden: Es gab fortan vier Steuerleute, zwei Obersteuerleute, einen Steuerdirektor und einen Ruderer. Für Letzteren wurde überdies als Ansporn ein Leistungsbewertungssystem eingeführt nach dem Motto: ‚Wir müssen seinen Aufgabenbereich erweitern und ihm mehr Verantwortung geben.' Beim nächsten Rennen deklassierten die Japaner die deutschen Ruderer mit einem Vorsprung von zwei Kilometern. Der erboste Verbandsvorstand entließ daraufhin den Ruderer und die einfachen Steuerleute wegen Schlechtleistung, beförderte den Steuerdirektor und verkaufte die Ruder. Die Beratungsfirma erhielt einige Wochen später einen neuen Auftrag, und der Verbandsvorsitzende wurde bei der nächsten Mitgliederversammlung wegen seiner Tatkraft und Vorausschau mit der goldenen Ehrennadel ausgezeichnet." (nach Ottomann in „Mensch und Büro" 3/1996; zit. nach Gnahs 2011, S. 165).

Literatur

Gnahs, D. (2011). Qualitätsentwicklung am Scheidewege. In S. Möller, C. Zeuner, & A. Grotlüschen (Hrsg.), *Die Bildung der Erwachsenen. Perspektiven und Utopien. Für Peter Faulstich zum 65. Geburtstag* (S. 165–173). Weinheim: Juventa.

Literatur

Arnold, R., & Siebert, H. (1995). *Konstruktivistische Erwachsenenbildung. Von der Deutung zur Konstruktion von Wirklichkeit.* Baltmannsweiler: Schneider.
Arnold, R., Krämer-Stürzl, A., & Siebert, H. (1999). *Dozentenleitfaden. Planung und Unterrichtsvorbereitung in Fortbildung und Erwachsenenbildung.* Berlin: Cornelsen.
ArtSet. (2009). *Lernerorientierte Qualitätstestierung in der Weiterbildung für Kleinstorganisationen.* Hannover: ArtSet.
ArtSet. (2017). *Lernerorientierte Qualitätstestierung in der Weiterbildung KOMPAKT. Vorlage für den Selbstreport.* Hannover: ArtSet. http://www.qualitaets-portal.de/wp-content/uploads/Vorlage_Selbstreport_LQW_kompakt_Januar_2017.doc. Zugegriffen: 12. Sept. 2018.
Baetge, M., Severing, E., & Weiß, R. (2013). *Handlungsstrategien für die berufliche Weiterbildung* (Reihe: Berichte zur beruflichen Bildung). Bielefeld: Bertelsmann.
Balli, C., Krekel, E. M., & Sauter, E. (Hrsg.). (2004). *Qualitätsentwicklung in der Weiterbildung – Wo steht die Praxis?* (Berichte zur beruflichen Bildung, Bd. 262). Bielefeld: Bertelsmann.
Bardeleben, R. v., Gnahs, D., Krekel, E. M., & Seusing, B. (Hrsg.) (1995). *Weiterbildungsqualität. Konzepte, Instrumente, Kriterien* (Berichte zur beruflichen Bildung, Bd. 188). Bielefeld: Bertelsmann.
Becker, H., & Langosch, I. (1995). *Produktivität und Menschlichkeit. Organisationsentwicklung und ihre Anwendung in der Praxis* (4., erw. Aufl.). Stuttgart: Enke.
Bilger, F., & Gnahs, D. (2013). E-Learning und Fernunterricht als übergreifende Lernformen. In F. Bilger, D. Gnahs, J. Hartmann, & H. Kuper (Hrsg.), *Weiterbildungsverhalten in Deutschland. Resultate des Adult Education Survey 2012* (S. 289–301). Bielefeld: Bertelsmann. https://www.die-bonn.de/doks/2013-weiterbildungsverhalten-01.pdf. Zugegriffen: 12. Sept. 2018.
Blings, J. (Hrsg.). (2017). *Qualitätsentwicklung in der außerschulischen Umweltbildung. Status, Potentiale und Vielfalt.* München: Oekom.
BLK – Bund-Länder-Kommission für Bildungsplanung und Forschungsförderung (Hrsg.). (1981). *Fortschreibung des Bildungsgesamtplans (Bildungsgesamtplan II). Entwurf. Stand Juni 1981.* Bonn: BLK.

BMBW – Bundesministerium für Bildung und Wissenschaft. (1973). *Öffentliche Bibliothek. Gutachten der Kommnalen Gemeinschaftsstelle für Verwaltungsvereinfachung (KGSt)*. Bonn: BMBW. https://bibliotheksportal.de/content/uploads/2017/10/KGSt_Gutachten_1973_OCR.pdf. Zugegriffen: 13. Sept. 2018.

BMLFUW – Bundesministerium für Land- und Forstwirtschaft, Umwelt und Wasserwirtschaft. (2014). *Österreichisches Umweltzeichen. Richtlinie UZ 302: Bildungseinrichtungen*. Wien: BMLFUW.

Bonnaire, I. (2006). Europäische Ansätze in der Qualitätssicherung. In Arbeitsgruppe „Qualitätssicherung von beruflicher Aus- und Weiterbildung" (Hrsg.), *Qualitätssicherung beruflicher Aus- und Weiterbildung. Ergebnisse aus dem BIBB* (S. 115–128). Bonn: BIBB. https://www.bibb.de/dokumente/pdf/wd_78_qualitaetssicherung.pdf. Zugegriffen: 12. Sept. 2018.

Borowiec, T., Mettin, G., & Zöller, M. (2014). *Checkliste. Qualität beruflicher Weiterbildung* (4., aktual. Aufl.). Bonn: BIBB. https://www.bibb.de/veroeffentlichungen/de/publication/download/7557. Zugegriffen: 12.Sept. 2018.

Bortz, J. (1999). *Statistik für Sozialwissenschaftler* (5., vollst. überarb. u. aktual. Aufl.). Berlin: Springer.

Bortz, J., & Döring, N. (2006). *Forschungsmethoden und Evaluation für Human- und Sozialwissenschaftler* (4., überarb. Aufl.). Heidelberg: Springer.

Bötel, C., & Krekel, E. M. (2004). Trends und Strukturen der Qualitätsentwicklung bei Bildungsträgern. In C. Balli, E. M. Krekel, & E. Sauter (Hrsg.), *Qualitätsentwicklung in der Weiterbildung. Wo steht die Praxis?* (Reihe: Berichte zur beruflichen Bildung, Bd. 262, S. 19–40). Bielefeld: Bertelsmann.

Brandenburg, P. (2005). Qualitätskriterien für die Begutachtung und Zulassung von Lehrgängen nach dem Fernunterrichtsschutzgesetz. *Berufsbildung in Wissenschaft und Praxis 34*(2), 42–46. urn:nbn:de:0035-bwp-05242-8. Zugegriffen: 12. Sept. 2018.

Broek, S., & Buiskool, B.-J. (2013). *Developing the adult learning sector. Quality in the adult learning sector (Lot 1)*. Final report (Open Call for tender EAC/26/2011). Zoetermeer: Pantaia. https://oe-cert.at/media/Enquete2016/Study_quality_Broek_Buiskol_2013.pdf. Zugegriffen: 12. Sept. 2018.

BT-Drs. 7/1811 (Deutscher Bundestag Drucksache vom 14.03.1974) (1974). *Kosten und Finanzierung der außerschulischen beruflichen Bildung (Abschlussbericht)*. Bonn: Deutscher Bundestag. http://dipbt.bundestag.de/doc/btd/07/018/0701811.pdf. Zugegriffen: 13. Sept. 2018.

CERTQUA. (2015). Die 7 wichtigsten Änderungen der DIN EN ISO 9001:2015. CERTQUA QM-Blog 27.04.2015. http://www.certqua.de/qm-blog/die-7-wichtigsten-aenderungen-der-din-iso-90012015/. Zugegriffen: 12. Sept. 2018.

Daluege, C.-A., & Franz, H.-W. (2008). *IQM. Integriertes Qualitätsmanagement in der Aus- und Weiterbildung. Selbstbewertung für EFQM, DIN EN ISO 9001 und andere QM-Systeme*. Bielefeld: Bertelsmann.

DEAE – Deutsche Evangelische Erwachsenenbildung, & BAK AuL – Bundesarbeitskreis Arbeit und Leben (Hrsg.). (2004). *Qualitätsentwicklung im Verbund von Bildungseinrichtungen – QVB. Das Rahmenmodell*. Frankfurt: DEAE & BAK AuL. https://www.elag.de/wp-content/uploads/qvb.pdf. Zugegriffen: 12. Sept. 2018.

DeGEvaL – Gesellschaft für Evaluation (Hrsg.). (2016). *Standards für Evaluation*. Erste Revision auf Basis der Fassung 2002. Verabschiedet durch die Mitgliederversammlung der DeGEval e. V. am 21. September 2016. Mainz: DeGEval. https://www.degeval.org/fileadmin/Publikationen/Kurzversion_der_Standards_fuer_Evaluation_-_Revision_2016.pdf. Zugegriffen: 1. Okt. 2018.

Deutscher Bildungsrat (Hrsg.). (1970). *Empfehlungen der Bildungskommission. Strukturplan für das Bildungswesen*. Stuttgart: Klett.

DIE – Deutsches Institut für Erwachsenenbildung Leibniz-Zentrum für Lebenslanges Lernen. (2006). *Wie finde ich die richtige Weiterbildung? Qualitätskriterien, Tipps und Adressen. Checkliste für Weiterbildungsinteressierte*. Bonn: DIE. https://www.die-bonn.de/esprid/dokumente/doc-2006/die06_01.pdf. Zugegriffen: 12. Sept. 2018.

DIE – Deutsches Institut für Erwachsenenbildung (Hrsg.). (2011). *Lernende fördern – Strukturen stützen. Evaluation der Wirksamkeit der Weiterbildungsmittel des Weiterbildungsgesetzes (WbG) Nordrhein-Westfalen* (Abschlussbericht). Bonn: DIE. http://www.die-bonn.de/doks/2011-evaluation-weiterbildungsgesetz-nrw-01.pdf. Zugegriffen: 4. Okt. 2018.

Diekmann, A. (2007). *Empirische Sozialforschung. Grundlagen, Methoden, Anwendungen* (18., vollst. überarb. u. erw. Aufl.). Reinbek: Rowohlt.

Drewes, W., & Klee, J. (1995). Messung der Dienstleistungsqualität und Qualitätsmanagement bei Kreditinstituten – Am Beispiel einer deutschen Großsparkasse. In M. Bruhn & B. Stauss (Hrsg.), *Dienstleistungsqualität. Konzepte – Methoden – Erfahrungen* (2., überarb. u. erw. Aufl., S. 495–524). Wiesbaden: Gabler.

EduQua. (2012). *Handbuch eduQua: 2012. Information über das Verfahren. Anleitung zur Zertifizierung*. Zürich: eduQua. https://alice.ch/fileadmin/Dokumente/Qualitaet/eduQua/de/eduQua_Handbuch_2012.pdf. Zugegriffen: 12. Sept. 2018.

EFQM – European Foundation for Quality Management. (2018). *An overview of the EFQM excellence model*. Brüssel: EFQM. https://www.bqf.org.uk/wp-content/uploads/2018/06/EFQM-Excellence-Model_abridged.pdf. Zugegriffen: 6. Marz 2019.

Ehmann, C. (1992). Verbraucherschutz in der beruflichen Weiterbildung. In Landesagentur für Struktur und Arbeit Brandenburg GmbH (Hrsg.), *Verbraucherschutz und Qualitätssicherung in der beruflichen Weiterbildung. Dokumentation einer Fachtagung am 28. Februar 1992 im Residence Hotel Potsdam* (S. 10–18). Kleinmachnow: Landesagentur für Struktur und Arbeit Brandenburg.

Europäisches Parlament und Rat. (2009). Empfehlung des Europäischen Parlaments und des Rates vom 18. Juni 2009 zur Einrichtung eines europäischen Bezugsrahmens für die Qualitätssicherung in der beruflichen Aus- und Weiterbildung (2009/C 144/01). *Amtsblatt der Europäischen Union 08.07.2009*. https://eur-lex.europa.eu/legal-content/DE/TXT/PDF/?uri=CELEX:32009H0708(01)&from=DE. Zugegriffen: 12. Sept. 2018.

Faulstich, P. (1988). *Qualitätskriterien für Bildungsangebote im Bereich Informationstechniken*. Kassel: Gesamthochschule Universität.

Faulstich, P., & Grünhagen, M. (1997). *Support-Strukturen für die Weiterbildung als öffentlich gestützter Trägerverbund* (Reihe: Hamburger Hefte der Erwachsenenbildung, H. 3). Hamburg: Universität Hamburg. https://www.ew.uni-hamburg.de/einrichtungen/ew3/erwachsenenbildung-und-lebenslanges-lernen/files/faulstich-gruenhagen-support-strukturen.pdf. Zugegriffen: 13. Sept. 2018.

Faulstich, P., Gnahs, D., & Sauter, E. (2003). *Qualitätsmanagement in der beruflichen Weiterbildung: Ein Gestaltungsvorschlag.* Gutachten im Auftrag von: Gewerkschaft Erziehung und Wissenschaft (GEW), IG Metall, Vereinte Dienstleistungsgewerkschaft (ver. di). Berlin: GEW. http://www.netzwerk-weiterbildung.info/upload/m3f83f6bd86588_verweis1.pdf. Zugegriffen: 12. Sept. 2018.

Faulstich, P., Gnahs, D., & Sauter, E. (2004). *Systemqualität in der beruflichen Weiterbildung. Fragestellungen, Konsequenzen und Alternativen nach Hartz.* Bonn: FES. http://library.fes.de/pdf-files/asfo/02584.pdf. Zugegriffen: 13. Sept. 2018.

Feuchthofen, J. E., & Severing, E. (Hrsg.) (1995). *Qualitätsmanagement und Qualitätssicherung in der Weiterbildung* (Reihe „Grundlagen der Weiterbildung"). Neuwied: Luchterhand.

Flick, U., Kardoff, E. v., & Steinke, I. (Hrsg.). (2007). *Qualitative Forschung. Ein Handbuch* (5., unverä. Aufl.). Reinbek: Rowohlt (Erstveröffentlichung 2000).

Frey, B. S. (2007). Evaluierungen, Evaluierungen … Evaluitis. *Perspektiven der Wirtschaftspolitik, 8*(3), 207–220. https://core.ac.uk/download/pdf/85211764.pdf. Zugegriffen: 4. Okt. 2018.

Frieling, E. (1999). Lernkultur: Arbeitsorganisation und Unternehmenskultur. In Arbeitsgemeinschaft Qualifikations-Entwicklungs-Management (Hrsg.), *Kompetenzentwicklung '99* (S. 147–212). Münster: Waxmann.

Gehringer, J., & Michel, W. J. (2000). *Frühwarnsystem Balanced Scorecard. Unternehmen zukunftsorientiert steuern; mehr Leistung, mehr Motivation, mehr Gewinn.* Düsseldorf: Metropolitan.

Geißler, K. A. (1993). Es bleibt alles beim Neuen – Erwachsenenbildung zwischen Marktorientierung und Aufklärung. *Berichte und Informationen der Erwachsenenbildung, 25*(2), 2–11.

Geißler, H. (2000). *Organisationspädagogik. Umrisse einer neuen Herausforderung.* München: Vahlen.

Gerl, H. (1983). Evaluationen in Lernsituationen. Ein Beitrag zu reflexivem Lernen. In H. Gerl & K. Pehl (Hrsg.), *Evaluation in der Erwachsenenbildung* (S. 15–92). Bad Heilbrunn: Klinkhardt.

Gerl, H., & Pehl, K. (1983). *Evaluation in der Erwachsenenbildung.* Bad Heilbrunn: Klinkhardt.

Gnahs, D. (1997). *Handbuch zur Qualität in der Weiterbildung. Stand, Perspektiven, Praxis* (Reihe: Berufliche Bildung & Weiterbildung, Bd. 2; 2., unveränd. Aufl.). Frankfurt: GEW (Erstveröffentlichung 1996).

Gnahs, D. (1998). *Vergleichende Analyse von Qualitätskonzepten in der Weiterbildung* (Reihe: Materialien des Instituts für Entwicklungsplanung und Strukturforschung, Bd. 164). Hannover: Institut für Entwicklungsplanung und Strukturforschung.

Gnahs, D. (2004). *Die Teilnehmenden der Bundesakademie für kulturelle Bildung Wolfenbüttel: Merkmale – Motive – Erfahrungen. Ergebnisse einer Befragung.* Wolfenbüttel: BAW. https://www.bundesakademie.de/pdf/baw-tnn-befragung_2003.pdf. Zugegriffen: 4. Okt. 2018.

Gnahs, D. (2005). Klare Ziele und variable Methoden. *Das unabhängige Hochschulmagazin, 61*(2), 7.

Gnahs, D. (2007). Zielsetzung „Lernende Organisation": Qualitätsmanagement als Lernanstoß für Weiterbildungseinrichtungen. In K. Dollhausen & E. Nuissl von Rein (Hrsg.), *Bildungseinrichtungen als „lernende Organisationen"? Befunde aus der Weiterbildung* (S. 99–115). Wiesbaden: Deutscher Universitäts-Verlag.

Gnahs, D. (2010). *Kompetenzen. Erwerb, Erfassung, Instrumente* (2., aktual. u. überarb. Aufl.). Bielefeld: Bertelsmann.

Gnahs, D. (2011). Qualitätsentwicklung am Scheidewege. In S. Möller, C. Zeuner, & A. Grotlüschen (Hrsg.), *Die Bildung der Erwachsenen. Perspektiven und Utopien. Für Peter Faulstich zum 65. Geburtstag* (S. 165–173). Weinheim: Juventa.

Gnahs, D. (2013). Qualitätsmanagement in der Aus- und Weiterbildung. In G. Cramer, S. F. Dietl, & W. Wittwer (Hrsg.), *PersonalAusbilden. Das aktuelle Nachschlagewerk für Praktiker [Loseblattsammlung]* (Kapitel 6.0.125). Köln: Deutscher Wirtschaftsdienst.

Gnahs, D. & Krug, P. (2018). Qualität in der Weiterbildung. P. Krug & E. Nuissl (Hrsg.), *Praxishandbuch WeiterbildungsRecht [Loseblattsammlung] Stand: August 2018* (Kapitel 6.0, S. 1–60). Köln: Wolters Kluwer.

Gnahs, D., & Kuwan, H. (2004). Qualitätsentwicklung in der Weiterbildung – Effekte, Erfolgsbedingungen und Barrieren. In C. Balli, E. M. Krekel, & E. Sauter (Hrsg.), *Qualitätsentwicklung in der Weiterbildung – Wo steht die Praxis?* (Reihe: Berichte zur beruflichen Bildung, Bd. 262; S. 41–59). Bielefeld: Bertelsmann.

Gonon, P., Hügli, E., Landwehr, N., Ricka, R., & Steiner, P. (2001). *Qualitätssysteme auf dem Prüfstand. Die neue Qualitätsdiskussion in Schule und Bildung. Analyse und Perspektiven* (3., aktual. Aufl.). Aarau: Bildung Sauerländer.

Götz, K. (1993). *Zur Evaluierung beruflicher Weiterbildung. Eine theoretische und empirische Studie zur Wirksamkeit beruflicher Weiterbildung* (Bd. 2). Weinheim: Deutscher Studien-Verlag.

Gruber, E., & Schlögl, P. (2011). Das Ö-Cert – Ein bundesweiter Qualitätsrahmen für die Erwachsenenbildung in Österreich. *Magazin erwachsenenbildung.at 5* (1 [Nr. 12]), 02/1–02/11. https://erwachsenenbildung.at/magazin/11-12/meb11-12.pdf. Zugegriffen: 13. Sept. 2018.

Gruber, E., Gnahs, D., & Ribolits, E. (2015). Qualitätsrahmen Ö-Cert zieht klare Grenzen zu Therapie, Freizeitgestaltung und Esoterik. *Magazin erwachsenenbildung.at 9* (1 [Nr. 24]), 10/1–10/8. http://erwachsenenbildung.at/magazin/15-24/10_gruber_gnahs_ribolits.pdf. Zugegriffen: 13. Sept. 2018.

Hamacher, P. (1976). *Entwicklungsplanung für Weiterbildung*. Braunschweig: Westermann.

Hansen, U., & Jeschke, K. (1995). Beschwerdemanagement für Dienstleistungsunternehmen – Beispiel des KfZ-Handels. In M. Bruhn & B. Stauss (Hrsg.), *Dienstleistungsqualität. Konzepte – Methoden – Erfahrungen* (2., überarb. u. erw. Aufl., S. 525–550). Wiesbaden: Gabler.

Hartz, S., & Meisel, K. (2011). *Qualitätsmanagement* (3., aktual. u. überarb. Aufl.). Bielefeld: Bertelsmann.

Hendricks, G. (2014). QM-Beauftragte – Ein Auslaufmodell? *QUBIC.praxis 12*(2), 5–6. https://www.qubic.de/uploads/media/QUBIC.praxis_2-2014_web.pdf. Zugegriffen: 13. Sept. 2018.

Hörmann, M. (2002). *Vom kreativen Chaos zum professionellen Management. Organisationsentwicklung in Frauenprojekten*. Opladen: Leske+Budrich.

Holzkamp, K. (1995). *Lernen. Subjektwissenschaftliche Grundlegung* (Studienausgabe). Frankfurt: Campus.
Hufer, K.-P. (2016). *Politische Erwachsenenbildung. Plädoyer für eine vernachlässigte Disziplin*. Bielefeld: Bertelsmann.
JCSEE – Joint committee on standards for eductional evaluation. (1994). *The program evaluation standards: How to assess evaluations of educational programs?* Newbury Park: Sage. http://legacy.oise.utoronto.ca/research/field-centres/ross/ctl1014/Joint1994.pdf. Zugegriffen: 1. Okt. 2018.
Jermann, R. (2004). eduQua: Das Label für Qualität in der Weiterbildung. In C. Balli, E. M. Krekel, & E. Sauter (Hrsg.), *Qualitätsentwicklung in der Weiterbildung – Wo steht die Praxis?* (Reihe: Berichte zur beruflichen Bildung, Bd. 262; S. 123–135). Bielefeld: Bertelsmann.
Käfer, R., Kohl, G., & Wagner, K. (2001). ISO 9000:2000-Prozessmodell. In K. W. Wagner (Hrsg.), *PQM – Prozessorientiertes Qualitäts-Management* (S. 80–91). München: Hanser.
Kalman, M. (2012). Qualitätsmanagement und Einflussfaktoren: Möglichkeiten und Grenzen der Steuerung. In A. Töpper (Hrsg.), *Qualität von Weiterbildungsmaßnahmen. Einflussfaktoren und Qualitätsmanagement im Spiegel empirischer Befunde* (S. 133–164). Bielefeld: Bertelsmann.
Kaplan, R. S., & Norton, D. P. (1997). *Balanced Scorecard*. Stuttgart: Schäffer-Poeschel (englisches Original erschienen 1996).
Kirkpatrick, D. L. (1959). Techniques for evaluation training programs. *Journal of the American Society of Training Directors, 13*(12), 21–26.
Klein, H. (1995). Qualitätsmanagement der Deutschen Lufthansa AG. In M. Bruhn & B. Stauss (Hrsg.), *Dienstleistungsqualität. Konzepte – Methoden – Erfahrungen* (2., überarb. u. erw. Aufl., S. 477–493). Wiesbaden: Gabler.
Klippert, H. (2002). *Methoden-Training. Übungsbausteine für den Unterricht* (12., unveränd. Aufl.). Weinheim: Beltz (letzte überarb. Aufl. erschienen 2000).
KMK – Konferenz der Kultusminister. (1994). *Dritte Empfehlung der Kultusministerkonferenz zur Weiterbildung (Beschluß der Kultusministerkonferenz vom 02.12.1994)*. Bonn: Sekretariat der ständigen Konferenz der Kultusminister der Länder in der Bundesrepublik Deutschland.
KMK – Konferenz der Kultusminister. (2001). *Vierte Empfehlung der Kultusministerkonferenz zur Weiterbildung (Beschluss der Kultusministerkonferenz vom 01.02.2001)*. Bonn: Ständige Konferenz der Kulturminister. https://www.kmk.org/fileadmin/Dateien/veroeffentlichungen_beschluesse/2001/2001_02_01-4-Empfehlung-Weiterbildung.pdf. Zugegriffen: 11. Sept. 2018.
Knoll, J., Wiesner, G., Franke, A., Leye, G., Gerber, K., & Rinneberg, L. (2001). *Qualitätsentwicklungssystem Weiterbildung Sachsen (QES). Projekt-Dokumentation*. Chemnitz: Sächsischer Volkshochschulverband.
Kommission der Europäischen Gemeinschaften. (2000). *Memorandum über Lebenslanges Lernen. SEK(2000) 1832*. Brüssel: Kommission der Europäischen Gemeinschaften. https://www.hrk.de/uploads/tx_szconvention/memode.pdf. Zugegriffen: 13. Sept. 2018.
Kommission der Europäischen Gemeinschaften. (2006). *Erwachsenenbildung: Man lernt nie aus. KOM(2006) 614*. Brüssel: Kommission der Europäischen Gemeinschaften. https://eur-lex.europa.eu/LexUriServ/LexUriServ.do?uri=COM:2006:0614:FIN:-DE:PDF. Zugegriffen: 13. Sept. 2018.

Kommission der Europäischen Gemeinschaften. (2007). *Aktionsplan Erwachsenenbildung. Zum Lernen ist es nie zu spät. KOM(2007) 558*. Brüssel: Kommission der Europäischen Gemeinschaften. https://eur-lex.europa.eu/LexUriServ/LexUriServ.do?uri=COM:2007:0558:FIN:DE:PDF. Zugegriffen: 13. Sept. 2018.

Krekel, E. M., & Seusing, B. (Hrsg.). (1999). *Bildungscontrolling – Ein Konzept zur Optimierung der betrieblichen Weiterbildung* (Reihe: Berichte zur beruflichen Bildung, Bd. 233). Bielefeld: Bertelsmann.

Krüger, T. (1995). Öffentlich gestützte Selbstkontrolle – Das Gütesiegel in Hamburg. In R. v. Bardeleben, D. Gnahs, E. M. Krekel, & B. Seusing (Hrsg.), *Weiterbildungsqualität. Konzepte, Instrumente, Kriterien* (Reihe: Berichte zur beruflichen Bildung, Bd. 188; S. 205–212). Bielefeld: Bertelsmann.

Kuwan, H., Thebis, F., Gnahs, D., Sandau, E., & Seidel, S. (2003). *Berichtssystem Weiterbildung 2000. Integrierter Gesamtbericht zur Weiterbildungssituation in Deutschland*. Bonn: BMBF. https://www.bibb.de/dokumente/pdf/a21__berichtssystem_weiterbildung_viii-gesamtbericht.pdf. Zugegriffen: 4. Okt. 2018.

Länge, T. W., & Schmidt, J. (2004). Qualitätsentwicklung im Verbund von Bildungseinrichtungen (QVB). Ein Projekt mit Blick auf Verbund, Profession und Wertebindung. *Praxis Politische Bildung 8*(3), 172–178. https://www.qvb-info.de/images/stories/pdf/theo-w-laenge+jens-schmidt-qualitaetsentwicklung.pdf. Zugegriffen: 13. Sept. 2018.

Landesinstitut für Schule und Weiterbildung (Hrsg.). (1996). *Weiterbildung in Nordrhein-Westfalen. Vorstudie zur Evaluation der Weiterbildung*. Soest: Landesinstitut für Schule und Weiterbildung.

Lenhardt, U., & Reusch, J. (2015). Die Arbeitswelt von heute: Daten, Schwerpunkte, Trends. In L. Schröder & H.-J. Urban (Hrsg.), *Gute Arbeit. Qualitative Tarifpolitik – Arbeitsgestaltung – Qualifizierung* (S. 305–363). Frankfurt: Bund.

Locke, J. (2011). *Versuch über den menschlichen Verstand*. Berlin: Contumax. urn:nbn:de:101:1-201109028088. Zugegriffen: 11. Sept. 2018 (Erstveröffentlichung 1725).

Magnusson, K., Kroslid, D., & Bergmann, B. (2004). *Six Sigma umsetzen. Die neue Qualitätsstrategie für Unternehmen* (4., vollst. überarb. u. erw. Aufl.). München: Hanser (englisches Original erschienen 2003).

Momberger, W. (1995). Qualitätssicherung als Teil des Dienstleistungsmarketing – das Steigenberger Qualitäts- und Beschwerdemanagement. In M. Bruhn & B. Stauss (Hrsg.), *Dienstleistungsqualität. Konzepte – Methoden – Erfahrungen* (2., überarb. u. erw. Aufl., S. 551–562). Wiesbaden: Gabler.

Nachtwey, O. (2016). *Die Abstiegsgesellschaft. Über das Aufbegehren in der regressiven Moderne*. Berlin: Suhrkamp.

Negt, O. (2002). *Arbeit und menschliche Würde* (2., unveränd. Aufl.). Göttingen: Steidl (Erstveröffentlichung 2001).

Nuissl, E. (1995). Qualität und Markt. Pädagogische Kommentierungen zu den Aufgeregtheiten der Qualitätsdebatte. In K. Meisel (Hrsg.), *Qualität in der Weiterbildung. Dokumentation DIE-Kolloquium 1995* (Reihe: DIE-Materialien für Erwachsenenbildung, Bd. 3; S. 8–20). Frankfurt: DIE.

Rau, T., Heene, J., Koitz, K., Schmidt, M., Schönfeld, P., & Wilske, A. (2014). *Qualitätsmanagement in der Aus- und Weiterbildung. Leitfaden zur Umsetzung der DIN ISO 29990* (2., überarb. u. erw. Aufl.). Berlin: Beuth.

Reckwitz, A. (2017). *Die Gesellschaft der Singularitäten. Zum Strukturwandel der Moderne*. Berlin: Suhrkamp.

Reischmann, J. (2003). *Weiterbildungs-Evaluation. Lernerfolge messbar machen*. Neuwied: Luchterhand.

Robinsohn, S. B. (1967). *Bildungsreform als Revision des Curriculum*. Neuwied: Luchterhand.

Sauter, E. (1995).Bildungspolitische Aspekte der Qualitätssicherung in der Weiterbildung. In J. E. Feuchthofen & E. Severing (Hrsg.), *Qualitätsmanagement und Qualitätssicherung in der Weiterbildung* (S. 22–39). Neuwied: Luchterhand.

Sauter, E. (2002). Qualitätssicherung in der beruflichen Weiterbildung – Stand und Handlungsbedarf. In Forum Bildung (Hrsg.), *Expertenberichte des Forum Bildung* (S. 165–170). Bonn: BLK. urn:nbn:de:0111-opus-3566. Zugegriffen: 11. Sept. 2018.

Schischkoff, G. (1969). Wissenschaftstheoretische Betrachtungen über Gegenstand. *Methodenlehre und Grenzen der Futorologie. Futurum, 2*(3), 325–365.

Seiverth, A. (2016). *Praktische Erfahrungen mit der „Qualitätsentwicklung im Verbund von Bildungseinrichtungen" (QVB). Ergänzt um Modelle zu den theoretische Grundlagen, Konstruktionselementen und Implementierungsverfahren (Fassung Juli 2016)*. Münster: DEAE. http://www.deae.de/QVB/SeiverthA._DarstellungQVB.pdf. Zugegriffen: 13. Sept. 2018.

Siebert, H. (1992). *Bildung im Schatten der Postmoderne. Von Prometheus zu Sisyphos*. Frankfurt: VAS.

Siebert, H. (1993). *Ostdeutsche Erwachsenenbildung: Von der Bildungspflicht zur Qualifizierungsnotwendigkeit*. Hannover: Vervielfältigtes Manuskript.

Siebert, H. (2006). *Didaktisches Handeln in der Erwachsenenbildung. Didaktik aus konstruktivistischer Sicht* (5. überarb. Aufl.). Augsburg: Ziel.

Siebert, H. (2015). *Erwachsene. Lernfähig aber unbelehrbar? Was der Konstruktivismus für die politische Bildung leistet*. Schwalbach: Wochenschau.

Smith, E. R., & Tyler, R. W. (1942). *Appraising and recording student progress*. New York: Harper.

Stenkamp, U. (2009). *Einführung ISO 9000 ff*. Hannover: AEWB.

Stiftung Warentest. (2008). *Transparenz ist nicht in Sicht*. Berlin: Stiftung Warentest. https://www.test.de/Qualitaetsmanagement-Transparenz-ist-nicht-in-Sicht-1531451-0/. Zugegriffen: 13. Sept. 2018.

Strukturplan Weiterbildung. (1975). *Strukturplan für den Aufbau des öffentlichen Weiterbildungsystems in der Bundesrepublik Deutschland*. Köln: Arbeitskreis Strukturplan Weiterbildung.

Stufflebeam, D. L. (1966). A depth study of the evaluation requirement. *Theory into Practice, 5*(3), 121–133.

Thombansen, U., Laske, M., Possler, C., & Rasmussen, B. (1994). *Vertrauen durch Qualität. Qualitätsmanagement im Weiterbildungsunternehmen*. München: Neuer Merkur.

Tietgens, H. (1986). *Aufgaben und Probleme der Evaluation in der Erwachsenenbildung*. Bonn: Deutscher Volkshochschul-Verband.

Tietgens, H., Hirschmann, G., & Bianchi, M. (1974). *Ansätze zu einem Baukastensystem. Werkstattbericht über die Entwicklung des Zertifikatsprogramms der Volkshochschulen*. Braunschweig: Westermann.

Töpper, A. (2004). Aufgaben und Struktur von Bildungstests. In C. Balli, E. M. Krekel, & E. Sauter (Hrsg.), *Qualitätsentwicklung in der Weiterbildung – Wo steht die Praxis?* (Reihe: Berichte zur beruflichen Bildung, Bd. 262; S. 89–94). Bielefeld: Bertelsmann.

Töpper, A. (Hrsg.). (2012). *Qualität von Weiterbildungsmaßnahmen. Einflussfaktoren und Qualitätsmanagement im Spiegel empirischer Befunde.* Bielefeld: Bertelsmann.

Töpper, A., & Kalman, M. (2010). *Schaffung von Transparenz im Bereich von Qualitätsmanagementmodellen (QMM) und Erarbeitung einer praxistauglichen Arbeitshilfe (handlungsorientierte Checkliste) zur Einschätzung von QMM(Endbericht).* Berlin: BMBF.

TÜV Süd Management Servive. (2015). *Qualität auf einen Blick. Zertifizierung nach DIN EN ISO 9001:2015.* München: TÜV Süd. https://www.tuev-sued.de/uploads/images/1448283809266222580763/broschuere-iso-9001.pdf. Zugegriffen: 1. Okt. 2018.

Vennemann, M. (2000). Qualitätssicherung von Fernunterrichtsangeboten. In F. Küchler, & K. Meisel (Hrsg.), *Herausforderung Qualität. Dokumentation der Fachtagung „Qualitätssicherung in der Weiterbildung" vom 2.–3. November 1999* (S. 121–125). Frankfurt: DIE. https://www.die-bonn.de/esprid/dokumente/doc-2001/kuechler_meisel01_01.pdf. Zugegriffen: 13. Sept. 2018.

Vontobel, J. (1972). *Über den Erfolg in der Erwachsenenbildung. Empirische Basisstudie zum Problem der Erfassung des Bildungserfolges.* Braunschweig: Westermann.

Weiss, C. H. (1974). *Evaluierungsforschung. Methoden zur Einschätzung von sozialen Reformprogrammen.* Opladen: Westdeutscher Verlag (englisches Original erschienen 1972).

Wunder, H. (2000). Qualitätsmanagement in der Praxis von Bildungsorganisationen. *Grundlagen der Weiterbildung, 11*(6), 302–305.

Yarbrough, D. B., Shulha, L. M., Hopson, R. K., & Caruthers, F. A. (2011). *The program evaluation standards: A guide for evaluators and evaluation users* (3., überarb. Aufl.). Thousand Oaks: Sage.

Zech, R. (2004). *Lernerorientierte Qualitätstestierung in der Weiterbildung. Das Handbuch* (2., unverä. Aufl.). Hannover: Expressum (Erstveröffentlichung 2003).

Zech, R. (2006). *Lernerorientierte Qualitätstestierung in der Weiterbildung. Leitfaden für die Praxis. Modellversion 3.* Hannover: Expressum.

Zech, R. (2017). *Lernerorientierte Qualitätsentwicklung in der Weiterbildung. Leitfaden für die Praxis. Modellversion 3* (6., korr. Aufl.). Hannover: ArtSet. http://www.qualitaets-portal.de/wp-content/uploads/LQW-3-Leitfaden-201701.pdf. Zugegriffen: 13. Sept. 2018.

Zech, R., & Dehn, C. (2017). *Qualität als Gelingen. Grundlegung einer Qualitätsentwicklung in Bildung, Beratung und sozialer Dienstleistung.* Göttingen: Vandenhoeck & Ruprecht.

Zech, R., & Ehses, C. (2001). *Organisation und Zukunft.* Hannover: Expressum.

Zeithaml, V. A., Parasumaran, A., & Berry, 1 L. (1990). *Delivering quality service. Balancing customer perceptions and expectations.* New York: Free Press.

Zollondz, H.-D. (2011). *Grundlagen Qualitätsmanagement. Einführung in Geschichte, Begriffe, Systeme und Konzepte* (3., überarb. Aufl.). München: Oldenbourg.

The manufacturer's authorised representative in the EU is Springer
Nature Customer Service Centre GmbH, Europaplatz 3, 69115 Heidelberg,
Germany. If you have any concerns regarding our products, please
contact ProductSafety@springernature.com

Printed and bound by CPI Group (UK) Ltd, Croydon, CR0 4YY
25/03/2026
02077951-0003